くらべてわかる英単語

清水建二

大和書房

はじめに

"会話上達の近道は、
「基本単語」のマスター"

　40数年前、当時大学生だった私が短期留学でロンドンにホームステイをしていた時のことです。部屋にいた私にホストマザーから "Kenji, dinner's ready."（ケンジ、ごはんできましたよ。）と声がかかりました。

　その時、私は一瞬、言葉に詰まりました。「今行きます」は英語で何て言おう？　そのまま英語にしたら、"I'm going." だけど何か不自然な気がしたので、無難に "OK." という返事だけで済ませました。

　その後何回か同じ会話がくり返されましたが、ある日曜日の夕方、息子のエイドリアン（Adrian）とリビングでチェスをしていると、いつものようにキッチンから "Dinner's ready." の声が聞こえてきました。

　彼は一体、どんな返事をするのだろうと興味津々でしたが、彼の口から発せられた言葉が "I'm coming, mom."（今行く、お母さん。）だったのです。「なるほど、goではなくてcomeを使うんだ！」と新たな発見をした感動は、今でも鮮明に覚えています。

はじめに

　私たちが英語を学習する際に陥りやすい誤りがあります。それは、「go＝行く、come＝来る」という画一的な暗記をしがちだということです。

　もちろん、初級者は、まずこの意味を覚えることから始まるのですが、じつはこれだけでは不十分です。

　特にcomeは、話し手がいる所に誰かが「来る」だけでなく、話題の中心になっている所や聞き手がいる所に話し手が「行く」もおさえることが重要なのです。

　goとcomeの違いを端的に表せば、goは「起点」で、comeは「到達点」です。

　goは通常、行き先を表す語句と一緒に使います。

　例えば、"I'm going to Tokyo." なら「東京に行きます」で、行き先を表さない"I'm going." だけだと「私は今いる場所から去ります」という意味を伝えることになります。

　そのため、"Dinner's ready." の呼びかけに対して、"I'm going." と返事をしてしまうと、その場を去るだけで、ディナーの場所に行くことにはならないのです。

はじめに

　また、**goとcomeは動作の開始に焦点を当てる**という特徴があります。

　例えば、「2時にここに来て」を英訳すると、正しくは、"Be here at 2 o'clock."（2時にここにいてください。）です。

　もしこれを直訳して "Come here at 2 o'clock." にしてしまうと、「2時にここに来る動作を開始してください」という妙な内容を伝えることになるので、ネイティブスピーカーは決してこのような表現は使いません。

　同様に、「2時に出社する」も、goではなくgetを使って get to the office at 2 o'clock と表現します。

「**TOEICの試験で高得点を取っているのに、いざ会話となると英語が口から出て来ない**」「**英会話の学校に通っているのになかなか上達しない**」という人がいます。

　なぜでしょうか？

　私は彼らの多くが、これらの**基本的な英単語の勉強をおろそかにしている**ことが原因の一つだと考えています。

　いわゆる「中学英語」の重要性を強調する英語本が最近増えてきましたが、会話上達への一番の近道は、これらの基本単語の使い方をマスターすることであると私は

信じています。

　本書は日常会話に不可欠な英単語の中でも、ネイティブスピーカーがほとんど無意識のうちに使い分けている基本単語を厳選しました。
　簡潔かつ簡明な解説と、語の持つイメージをうまく表したイラストを通して、ネイティブスピーカーと同じような感覚で、自然に英単語を身につけることができます。
　皆さんが本書との出会いをきっかけに新たなる英単語学習の楽しさを享受してくださることを願っております。

　　　　　　　　　　　　　　令和元年6月　清水 建二

Contents

はじめに ⋯⋯ 002

Part 1　コミュニケーションの英単語11

- **01** 言う　say / tell ⋯⋯ 012
- **02** 会う　meet / see ⋯⋯ 016
- **03** 話す　talk / speak ⋯⋯ 020
- **04** 〜させる　make / have / let / get ⋯⋯ 024
- **05** 教える　teach / tell / show ⋯⋯ 028
- **06** 約束　promise / appointment / date / engagement ⋯⋯ 032
- **07** 才能・能力　ability / capacity / talent / faculty ⋯⋯ 036
- **08** 力　strength / power / force ⋯⋯ 040
- **09** 誤り　mistake / error / slip / blunder / fault ⋯⋯ 044
- **10** 争い・戦い　quarrel / fight / war / battle ⋯⋯ 048
- **11** 問題　question / problem / issue / affair / matter ⋯⋯ 052

Part 2　気持ちを伝える英単語7

- **12** 望む　want / hope / wish ⋯⋯ 058
- **13** 確かな　sure / certain ⋯⋯ 062
- **14** 面白い　interesting / funny / amusing / exciting ⋯⋯ 066
- **15** 恥ずかしい　ashamed / embarrassed ⋯⋯ 070
- **16** 満足した　satisfied / content / satisfactory ⋯⋯ 074

目次

17 喜んで〜する　be ready to / be willing to ····· 078
18 心　heart / mind / soul ····· 082

Part 3　見方で変わる英単語10

19 見る　see / look / watch ····· 088
20 大きい　large / big ····· 092
21 小さい　small / little ····· 096
22 高い　tall / high ····· 100
23 太った　fat / plump / overweight / obese ····· 104
24 痩せた　thin / lean / slim ····· 108
25 狭い　narrow / small ····· 112
26 広い　wide / large / broad ····· 116
27 海岸　coast / shore / beach / seaside ····· 120
28 風景　scene / scenery / view / sight / landscape ····· 124

Part 4　移動や変化の英単語8

29 行く・来る　go / come ····· 130
30 持って行く・持って来る　take / bring / fetch ····· 134
31 落ちる　fall / drop ····· 138

32	始まる	start / begin …… 142
33	はやい	fast / quick / early …… 146
34	道	street / road / way / lane …… 150
35	旅	trip / tour / excursion / journey / travel …… 154
36	～になる	become / get / go / come / turn / fall …… 158

Part 5　動作の英単語8

37	とる	take / get …… 164
38	選ぶ	pick / choose / select / elect …… 168
39	引く	pull / draw / drag / tug …… 172
40	投げる	throw / cast / toss …… 176
41	閉じる	shut / close …… 180
42	集める	gather / collect / raise …… 184
43	分ける	split / share / divide / separate …… 188
44	壊す	break / cut / tear / rip / destroy / damage …… 192

Part 6　モノや人を伝える英単語11

45	湿った	damp / humid / moist …… 198
46	濃い	dense / thick / strong / dark …… 202
47	安い	cheap / inexpensive / low …… 206

48 手作りの hand-made / home-made …… 210
49 おいしい delicious / tasty …… 214
50 怠けた lazy / idle …… 218
51 お土産 souvenir / gift / present …… 222
52 空の empty / vacant …… 226
53 客 customer / guest / visitor / client …… 230
54 中心 center / middle / heart …… 234
55 女性 lady / woman / girl …… 238

Part 7　生活と仕事の英単語 9

56 食べる eat / have …… 244
57 勉強する study / learn / work …… 248
58 習慣 habit / custom / practice / rule …… 252
59 仕事・職業 work / job / occupation / profession …… 256
60 給料 salary / wage / pay …… 260
61 会社 company / office / firm …… 264
62 料金・費用・値段 charge / cost / expense / fee / price …… 268
63 休み break / rest …… 272
64 経済的な economy / economic / economical …… 276

おわりに …… 280

Part 1

コミュニケーションの
英単語11

say / tell
言う

◆ **say** 言葉を「言う」

◆ **tell** 内容を「言う」

sayとtellの違いは学生時代に学んだ英文法に大きなヒントがあります。

He said to me, "I have to go immediately."
He told me that he had to go immediately.
（彼は「今すぐに行かねば」と私に言った。）

　ここで、sayとtellの目的語に注目してください。

　直接話法をとるsayの目的語は、彼が言った言葉をそのままの形（"I have to go immediately."）で表しているのに対し、間接話法をとるtellの目的語は、人（me）と彼が話した内容（that he had to go immediately）です。

　つまり、sayは実際に発せられた言葉に焦点を当てているのに対し、tellは発話の内容に焦点を当てているのです。

　そのため、sayの目的語は、実際に発せられた言葉やit / so / that / something / anything / nothing / wordsなどの語に限定されます。

　写真撮影でシャッターを切る時は、

Say cheese.（ハイ、チーズ。）

　お酒を注いでいる時も、

Say when.（頃合いを見計らって言ってください。）

　言われたほうは、それぞれcheeseやwhenで応じればよ

いわけです。後者の場合、whenの代わりにokやall rightでもいいでしょう。

一方、「面白い話をする」とか「冗談を言う」は内容に焦点を当てているので、say a funny storyやsay a jokeではなく、tell a funny storyやtell a jokeとなるのです。

tell a funny story（面白い話をする）

tell a joke（冗談を言う）

同様に以下もtellを使います。

tell the truth（本当のことを言う）

tell lies [a lie]（うそを言う）

sayは目的語に人を表す語をとることができないので、「誰にも言わないでください。」なら、

Don't tell anyone.（誰にも言わないでください。）

(問 題)

① He (said / told) the news to everybody he saw.

彼は会った人みんなにその知らせを伝えた。

② What a silly thing to (say / tell)!

何と愚かなことを言うのか！

③ I wished I had (said / told) nothing about him.

彼のことについて何も言わなければよかった。

④ What made you (say / tell) so?

何でそんなことを言ったのですか。

⑤ She (says / tells) a story to her children every night.

彼女は毎晩子供たちに物語をする。

解答 ①told *知らせの内容を伝える ②say *目的語にthingをとるのはsay ③said *目的語にnothingをとるのはsay ④say *目的語にsoやsuch a thingをとるのはsay ⑤tells *物語の内容を伝える

02

meet / see
会う

◆ meet
初対面の人と「会う」、日時や場所を決めて「会う」、公式に人に「会う」

◆ see
初対面ではない人と「会う」、相談に乗ってもらうために日時や場所を決めて「会う」

誰かに初めて会う時、偶然出会う時、日時を決めて会う時、公式の場で会う時などmeetはさまざまな状況で使えます。

パーティー会場で誰かと知り合いになりたければ、きっかけを作って会話を始めるといいでしょう。

I don't think we have <u>met</u> before.
（お会いしたことがないと思います。）

初対面の人との挨拶は、

Nice to <u>meet</u> you.（初めまして。）

通りで偶然に出会ったら、

We <u>met</u> on the street by chance.
（私たちは通りで偶然に出会った。）

日時や場所を決めて会うなら、

I'll <u>meet</u> you at the airport.
（空港まであなたを迎えに行きます。）

一方、<u>会うのが２回目以降の時に使うのがsee</u>です。

Nice to <u>see</u> you again.（またお目にかかれて光栄です。）

久しぶりに会った時は、こう言うといいでしょう。

Long time no <u>see</u>.（久しぶりにお会いしましたね。）

ちなみに、このLong time no see.の表現は、かつてイギリスが中国と交易をする際に、中国人が使っている「久

しぶりです」という挨拶である「好久不見」をイギリス人が直訳して生まれたものだと言われています。

別れ際の挨拶はこうなります。

<u>See</u> you (later).（じゃあまたね。）
<u>See</u> you on Monday.（月曜日に会いましょう。）

"See you again."という言い方もありますが、これは"I hope to see you again."を短くした表現です。「また会えたらいいですね。」というニュアンスで、本当に会いたいという気持ちは表されていません。

日時を決めて人に会うのはmeetと言いましたが、**相手が医者や弁護士、先生などで、会って相談に乗ってもらう場合はmeetではなくseeを使うことに注意したいです。**

また、seeの進行形は「～と付き合っている」という意味になります。

How long have you been <u>seeing</u> him?
（彼とどれくらい付き合っていますか。）

(問 題)

① The Prime Minister (met / saw) other European leaders for talks.

首相は話し合いのために欧州の指導者たちと会った。

② You ought to (meet / see) a doctor about that cough.

その咳、医者に診てもらったほうがいいですよ。

③ I first (met / saw) my husband at university.

夫とは大学で初めて会った。

④ I have to (meet / see) my son's teacher about his grades.

息子の成績のことで先生と会わなければならない。

⑤ Will you (meet / see) me at the airport?

空港で出迎えてくれますか。

解答 ①met ＊公式に会うのはmeet ②see ＊「医者に診てもらう」はsee a doctor ③met ＊初めて会うのはmeet ④see ＊先生と日時を決めて会うのはsee ⑤meet ＊「出迎える」はmeet

talk / speak
話す

◆ **talk** しゃべる行為に焦点を当てた「話す」（内容は重要ではない）

◆ **speak** 言語や演説などきちんとした内容を「話す」（必ずしも聞く相手は必要ない）

「おしゃべりな」という形容詞はtalkativeですが、**動詞のtalkは、聞く相手がいるしゃべる行為に焦点が当てられ、話す内容は重要ではない場合に使います**。基本的には自動詞です。

例えば、授業中に教室で騒いでいる生徒に先生は、

Why are you talking all the time?
(どうしておしゃべりばかりしているのですか。)
People will talk.(ことわざ：人の口に戸は立てられぬ。)

他動詞としては、以下の用法があります。

talk nonsense（つまらないことを言う）
talk business（仕事の話をする）
talk ＋人＋ into (out of) ～
（人を説得して～させる〈させない〉）

名詞のtalkも内容は重要ではない場合に使うことが多いです。

small talk（世間話）
baby talk（赤ちゃん言葉）
girl talk（女同士の会話）

一方、speakは「言葉を声に出して言う」「言語を話す」「演説する」など、短い話から長い話まであらゆる種類の発話に

ついて使われます。

Can you <u>speak</u> a little louder?
（もう少し大きな声で話してくれますか？）
I can't <u>speak</u> French.（フランス語を話せません。）
I'm not good at <u>speaking</u> in public.
（人前で話すのは得意ではありません。）

　talkと異なり、必ずしも聞く相手は必要ではなく、きちんとした内容を話すことが基本です。

　ロンドンのハイドパークの一角に誰でも自由に演説をすることができる「スピーカーズコーナー（Speakers' Corner）」がありますが、このspeakerとは「演説者」のことです。speakerには他に「拡声器」の意味や、a good English speakerなら「英語を上手に話す人」などの意味もあります。

　名詞形はspeechですが、こちらも基本的にはきちんとした内容を話すことから、「演説」「発言」「話し言葉」などの意味で使われます。

(問題)

① Do you (talk / speak) English?

英語を話しますか。

② The baby is beginning to (talk / speak).

その赤ちゃんは話し出してきた。

③ He was so shocked that he couldn't (talk / speak).

彼はショックで言葉が出なかった。

④ I have to (talk / speak) in front of the whole school today.

今日私は全校生徒の前で話をしなければならない。

⑤ My son doesn't (talk / speak) much.

息子はあまりしゃべらない。

解答 ① speak ＊言語を話すのは speak ② talk ＊聞き手がいて話す内容には焦点を当てていないので talk ③ speak ＊聞き手は必要なく言葉を声に出して言うので speak ④ speak ＊演説などきちんとした内容を話すのは speak ⑤ talk ＊2と同じ

make / have / let / get
～させる

◆ **make**
強制的に「～させる」

◆ **have**
双方が当然と思われる「～させる」

◆ **let**
目下の人に許可して「～させる」

◆ **get**
説得や努力をして「～させる」

使役動詞「人に〜させる」のmake / have / let / getなどは、それぞれをきちんと使い分ける必要があります。

まず語法の違いから整理すると、**make / have / letは直後に〈目的語＋原形不定詞（動詞の原形）〉をとるのに対し、getだけは〈目的語＋to不定詞〉**をとります。

makeは**強制的に**「〜させる」が基本です。強制的なので、罰などのイヤなことや相手が断りたいけど断れない状況で使います。

ただし、主語がモノやコトの場合はこの限りではありません。makeの原義は、「パンや粘土などをこねて作る」で、**ある状況や状態を作り上げる**イメージです。

His joke <u>made</u> us laugh.
（彼の冗談は私たちを笑わせた。）

haveはお金を支払って仕事やサービスをしてもらう、上司が部下に何かをさせる、親が子供にお遣いに行かせる、教師が生徒に宿題をやらせるなどのように、**双方の「〜する・〜させる」が当然であると思える状況**で使われます。

要するに、have本来の「所有」のイメージを膨らませて、**自分の支配下にある者に対して「〜させる」**という感じです。

letは、基本的には**目下の人に「〜させてあげる」**という「**許可**」を表す点でhaveやmakeと異なります。

　letの原義である「疲れて放り出す」から、あることをしたがっている相手の要求に対して「もういいや」と放り出して自由にさせる様子をイメージしてください。「アナと雪の女王」の主題歌 "Let It Go" の歌詞の日本語訳「ありのままの姿見せるのよ」がうまく表していると思います。

　最後のgetは "how to get to the station（駅への行き方）" のように、プロセスに焦点を当てます。**説得や努力、工夫をして何とか「〜させる」**というニュアンスです。

I <u>got</u> him to help with this work.
（なんとか彼にこの仕事を手伝ってもらった。）

(問題)

① This dress (makes / has / lets / gets) me look fat.

このドレスを着ると太って見える。

② (Make / Have / Let / Get) me have a look at your picture.

あなたの写真を見せてください。

③ They (made / had / let / got) me wait in the rain.

彼らは雨の中私を待たせた。

④ He (made / had / let / got) the gardener plant some trees.

彼は庭師に何か木を植えさせた。

⑤ I (made / had / let / got) my sister to help me with my homework.

お姉ちゃんに宿題を手伝ってもらった。

解答 ①makes *状況を作るのはmake ②Let *許可を求めるのはlet ③made *強制的に「〜させる」 ④had *お金を払って「〜させる」 ⑤got *お姉ちゃんを説得して「〜させる」

teach / tell / show
教える

◆ **teach**
知識・学問・技能など系統立ててじっくり「教える」

◆ **tell**
言葉で情報を伝えて「教える」

◆ **show** 目でわかるように見せて「教える」

手元の国語辞典で「教える」を引くと「知識・学問・技能などを相手に身につけさせるよう導く」とか「知っていることを相手に告げ知らせる」と出てきます。

英語ではこれらをきちんと使い分けます。

一番目の意味「知識・学問・技能などを相手に身につけさせるよう導く」を表す一般的な語はteachです。

My father taught me how to ride a bike.
(お父さんは私に自転車の乗り方を教えてくれた。)
Mr. White taught me English.
(ホワイト先生は私たちに英語を教えてくれた。)

教える人は先生でなくてもかまいません。系統立ててじっくり教える感じです。ちなみに、この〈teach＋人＋目的語〉は「私はホワイト先生に英語を教わって、英語を身につけた」ということを暗示しており、下の文〈teach＋目的語＋to人〉は、内容そのままの意味を伝えています。

Mr.White taught English to me.
(ホワイト先生は私に英語を教えてくれた。)

「知っていることを相手に告げ知らせる」はtellで表します。例えば、道に迷っている人に道案内をするなどです。

ただし、言葉だけでなく、実際にその場所に連れて行っ

たり、地図を描くなどして教える場合は、tellではなくshowを使います。

　したがって、見ず知らずの人に "Could you show me the way to the station?" と言うのは、相手にかなりのことを要求しているので失礼なお願いになります。この場合はtellを使ってください。

　ちなみに、道を聞かれて、「そこまでご一緒します」と伝えたければ、

I'll take you there.（そこまで連れて行きますよ。）
I'll guide you there.（そこまでご案内しますよ。）
と言えばよいでしょう。

(問 題)

① (Teach / Tell / Show) me your phone number again.

もう一度電話番号を教えてください。

② Will you (teach / tell / show) me where we are on the map?

どこにいるか地図で示してもらえますか。

③ His explanation (taught / told / showed) us very little about the product.

彼の説明は製品についてほとんど何も伝えていなかった。

④ You can't (teach / tell / show) an old dog new tricks.

老いた犬に新しい芸を教えることはできない。

⑤ Jack had to go, but he didn't (teach / tell / show) me why.

ジャックは行かなければならなかったが、その理由を教えてくれなかった。

解答 ①Tell ＊言葉で伝えるのはtell ②show ＊地図で教えるのはshow ③told ＊1と同じ ④teach ＊系統立てて教えるのはteach ⑤tell ＊1と同じ

06

promise / appointment / date / engagement
約束

◆ **promise**
必ずしも守られるとは
限らない「約束」

◆ **appointment**
日時や場所を決めた「約束」

◆ **date**
恋人と会う「約束」

◆ **engagement**
仕事の取り決めや契約など
簡単には破れない「約束」

"A promise is a promise." という言葉がありますが、これには「約束は守らねばならない。」という意味と「約束は破られることもある。」という意味の2つがあります。

このように promise は、一方が相手に与える「約束」が基本で、守られないこともあるというのが前提です。

従って、このような表現があります。

keep one's promise（約束を守る）

break one's promise（約束を破る）

appointment は医者・歯医者・弁護士などの「予約」、美容院・ジム・エステの「予約」などのように、場所と時間を決めて人に会うことを表します。

Would you like to come to the party?
（パーティーに来ませんか。）

と誘われて先約がある時は、こう言って断ります。

I'm sorry I have another appointment.

もちろん、恋人と「会う約束」のデート（date）と使い分けます。

I had a date with Alice yesterday.
（私は昨日アリスとデートをした。）

Why not ask her out for a <u>date</u>?
（彼女をデートに誘ってみたら？）

　ちなみに同じ「約束」でも、列車や飛行機のチケット、レストランやホテルなどの「予約」ならreservationです。

　仕事上の「約束」は、会合などの社交上の「約束」や文書での「取り決め・契約」の意味はengagementです。promiseやappointmentなどと異なり、**簡単には破ることができない改まった「約束」**に使います。

　簡単に破ることができない「婚約」はengagementで、日本語の「エンゲージリング」は正しくはengagement ringと言います。

(問題)

① I've got a dental (appointment / reservation) at 3 o'clock.

3時に歯医者の予約をしてある。

② He made (a promise / an appointment) to repay the loan in a week.

彼は一週間でローンを返済すると約束した。

③ I'll make (an appointment / a date / a reservation) for the restaurant.

レストランの予約をしましょう。

④ Their (appointment / engagement) was announced in the paper.

彼らの婚約は新聞で公表された。

⑤ I made (an appointment / a date / a reservation) to meet my girlfriend at noon tomorrow.

明日の正午にガールフレンドと会う約束をした。

解答 ① appointment ② a promise ＊「約束をする」は make a promise ③ a reservation ④ engagement ⑤ a date

07

ability / capacity / talent / faculty
才能・能力

◆ **ability**
人の知的・肉体的「能力」

◆ **capacity**
人やモノが受け入れる「能力」

◆ **talent（gift）**
芸術分野における先天的および後天的な「才能」

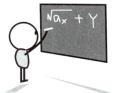

◆ **faculty**
ある分野における先天的および後天的な「能力」の改まった語

abilityは、人間が実際に何かを成し得る知的・肉体的能力のことで、「**先天的な才能**」と「**生まれた時には備わっていなかったが教育などによって後天的に身につけられた能力**」の両方を表します。

the ability to walk（歩く能力）

the ability to solve a difficult math problem
（難しい数学の問題を解く能力）

　abilityは、〈ability + to不定詞〉以外に ability at/in 〜の形をとります。

　capacityは、「モノを入れる容器」のラテン語に由来し、**人やモノが何かを受け入れて、うまく処理する能力、つまり、受容力・収容力などの潜在的な能力**を表す語です。

a stadium with a seating capacity of 20,000
（2万人の収容能力がある球場）

　abilityとcapacityは、形容詞に変えると違いがもっとはっきりします。ableは人が持つ永続的な能力を表すのに対し、capableは人だけでなくモノが持つ潜在的な能力をも表すので、次のような表現が可能です。これらをbe able toに変えることはできません。

The economy is <u>capable</u> of growing quickly.
（経済は急速な成長が可能である。）
When she's drunk, she is <u>capable</u> of saying awful, rude things.
（彼女は酔うとひどく下品なことを言いかねない。）

　talentは**芸術的な才能**を表し、生まれながら備わっているが、努力によってさらに高度なものへと高められた才能、または、その才能を持った人を表します。

a remarkable <u>talent</u> for music（音楽の素晴らしい才能）

　つまり、ほとんどの人たちにとっていくら努力しても得られないもの、それがtalentです。日本語ではテレビに出てちょっと顔の知れている人（芸能人）のことをタレントと呼んでいますが、これは正しくは、TV personalityとかmedia personality / figureなどと呼びます。

　giftも、神から与えられた天賦の才能の意味ですが、talentとほぼ同じ意味で使われます。

　facultyは改まった語で、talentが主に芸術的な才能を表すのに対して、**ある分野における先天的および後天的に備わった特殊な知的能力や身体機能、精神機能**を表します。

the <u>faculty</u> of speech（言語機能）

(問 題)

① The students are divided according to their (ability / capacity / talent).

生徒たちは能力別に分けられる。

② She has (an ability / a talent / a faculty) for mathematics.

彼女は数学の才能がある。

③ Everyone is born with (ability / capacity / talent).

誰にも生まれ持った才能がある。

④ He has a great (ability / capacity / talent) for painting.

彼の絵の才能は素晴らしい。

⑤ The tank has (an ability / a capacity / a faculty) of 100 liters.

タンクの容量は百リットルです。

解答 ① ability ② a faculty ＊ability には at か in が続く ③ talent ④ talent ⑤ a capacity

08

strength / power / force
力

◆ **strength**
体力・知力・精神力を表す「力」

◆ **power**
権力や経済力も含む「力」

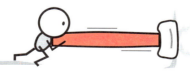

◆ **force** 物理的な「力」、武力や暴力を示唆する「力」

strengthは、ある行為を可能にする能力や肉体的・精神的・物理的な力のことで、「**体力・知力・精神力**」などと訳します。

アルコール分の強いお酒をstrong drinks、濃いコーヒーをstrong coffeeと言うように、アルコールの強さや飲み物の濃さもstrengthで表します。

一方powerも、ある行為を可能にする力ですが、「動力ドリル」のpower drill、「発電所」のpower plant、「パワーシャベル」のpower shovelのように、その**動きが目に見える力**もイメージさせる語です。

また、

I'll do everything in my power.
(できる限りのことをします。)

という文は、私の内に秘めた力をすべて出すだけでなく、財力や社会的な地位などを利用して、できる限りのことをすることを示唆しています。要するに、powerには「パワハラ」のpower harrassmantや「権力闘争」のpower struggle、軍事力を背景にした「権力政治」のpower politicsのように、**公的な権力や権限、経済力というニュアンス**があります。

strengthとpowerとのハッキリとした違いは、それぞれの形容詞で比較するとわかりやすいでしょう。つまり、

He is a <u>strong</u> person.
（彼は体力があって頑丈な人である。）
He is a <u>powerful</u> person.
（彼は［ある組織の中で］大きな影響力を持った人である。）

forceは外に出た力、運動や変化を引き起こす力など実際に行使される物理的な力のことです。
the <u>force</u> of gravity（重力）
magnetic <u>force</u>（磁力）
　しばしば暴力や軍隊をイメージさせます。
by <u>force</u> and arms（暴力で）
<u>forced</u> labor（強制労働）
the <u>forces</u>（軍隊）

(問題)

① He kicked the ball with all his (strength / power / force).

彼は力一杯にボールを蹴った。

② The economic (strength / power / force) of China is getting enormous.

中国の経済力は巨大になりつつある。

③ We should never resort to the use of (strength / power / force).

私たちは武力の行使に訴えてはならない。

④ He had the (strength / power / force) to hire and fire employees.

彼には従業員を採用し解雇する権力があった。

⑤ She has the (strength / power / force) to lift it.

彼女にはそれを持ち上げる力がある。

解答 ① strength ＊肉体的な力 ② power ③ force ④ power ⑤ strength
＊1と同じ

mistake / error / slip / blunder / fault
誤り

◆ **mistake**
不注意や勘違いによる誤り、法則や原則を無視することによる誤り

◆ **error**
判断ミス、計器の誤差、裁判の誤審、スポーツでの失策

◆ **slip**
不注意によるちょっとした誤り

◆ **blunder**
責任が問われる大きな誤り

◆ **fault**
好ましくない性格、過失、落ち度

日本語では、よく「ケアレスミス」とか「スペルミス」などと言いますが、どちらも正しくは、careless mistakes、spelling mistakes と言います。

mistake は、「間違い・誤り」を表す最も一般的な語で、ほとんどの場合で使うことができます。ただし、**不注意や勘違いによって生じる誤り、法則や原則などを無視することによって生じる誤り**を表す時に使うのが原則です。

例えば、コンピュータの操作を誤ってしまった場合、その行為自体は mistake です。しかし、コンピュータの画面には、mistake ではなく error の表示が出ます。それは、コンピュータが不注意や勘違いをして間違えるというのは考えにくいからです。

error はやや改まった語で、主に判断ミスや計器の誤差、裁判の誤審、道徳上の過ちのほかに、スポーツの世界で起こる失策などを表します。

例えば、野球の試合で、野手がボールの落ちる場所を判断し損なったのが error です（なぜかテニスのサーブミスは、error ではなくフォールト〈fault〉を使いますが）。

error と mistake を比べたら、mistake のほうが非難される度合いは低くなります。

slipは「(誤って)滑ること」の意味から、不注意から生じる「ちょっとした誤り」を表すことがあります。

a <u>slip</u> of the tongue(ちょっとした言い間違い)
a <u>slip</u> of the pen(ちょっとした書き損じ)

一方、blunderは、愚かさや不注意から生じ、責任を問われるような「大きな誤り・大失敗」のことで、他の語に比べ、非難の気持ちが強く含まれています。

一般的に、「医療ミス」はmedical errorですが、死に関わるほどの医療ミスはmistakeやerrorではすまされません。まさにこのようなミスがblunderです。

faultは、mistakeとerrorの両方の意味で使われますが、主に、「人の欠点や好ましくない性格」、または、そのやり方に対する「過失・落ち度」の意味で使われ、責任が重視される語です。

He's always finding <u>fault</u> with others.
(彼はいつも他人のあら捜しばかりしている。)

(問題)

① The letter was sent to me by (mistake / error / blunder).

その手紙は誤って私に届けられた。

② The accident was the result of the pilot's (mistake / error / fault).

その事故はパイロットのミスの結果だった。

③ It's my (mistake / error / fault) that we missed the train.

列車に間に合わなかったのは私の責任です。

④ It was (a mistake / an error / a slip) of the tongue.

ちょっと言い間違えました。

⑤ Don't get angry with me. It wasn't my (mistake / error / fault).

私を怒らないで、私のせいじゃないよ。

解答 ①mistake ②error ③fault ＊責任が問われている ④a slip ⑤fault

10

quarrel / fight / war / battle

争い・戦い

◆ **fight**
口論、暴力や武器を伴う「ケンカ・戦い」

◆ **quarrel**
「口論・口ゲンカ」

◆ **war** 「戦争」、2つ以上の組織による「競争」

◆ **battle**
特定の地域での大規模な「戦争」、war の一部

「議論する」を和英辞典で引くとargueが載っています。argueとは、「相手の言うことにまったく耳を貸さず、一方的に自分の言いたいことを主張する」という意味です。名詞形のargumentも「口論・口ゲンカ」の意味で使われることが多く、argumentの同義語がquarrelです。

fightはquarrelと同様に「口論」の意味がありますが、**暴力を伴った「取っ組み合いのケンカ」や武器を使った「戦い」**の意味も含まれます。

warはさまざまな地域における二カ国以上での長期間に及ぶ「戦争」や「戦争状態」が基本です。

the World War II / the Second World War
（第二次世界大戦）

the Vietnam War（ベトナム戦争）

例えば、国内の「内戦」をcivil warと言うように、2つ以上の対立する企業・国・集団が共通の目標を目指して競争することも表します。

civil war（内戦）

a price war（価格競争）

a trade war（貿易戦争）

野球で使うバット（bat）はもともと「こん棒」の意味で、battleは「こん棒を持って何度もたたき合う」が原義です。**長期間に及ぶwarの一部をなし、ある特定の地域で行われた大規模な戦闘のこと**を言います。

　例えば、ナポレオン戦争（the Napoleonic Wars）では、個々の戦闘がたくさんありましたが、the Battle of Waterloo（ウォータールーの戦い）で決定的な敗北を喫したためにナポレオンは失脚しました。

　フランス・パリの国際空港のシャルル・ド・ゴールに名を残すド・ゴール将軍の名セリフは、battleとwarの違いをハッキリ表しています。

France has lost the battle but she has not lost the war.
（フランスはその1回の戦闘には負けたが戦争には負けていない。）

(問 題)

① It was the year Britain declared (quarrel / fight / war / battle) on Germany.

それはイギリスがドイツに宣戦を布告した年だった。

② They had a (quarrel / fight / battle) about money.

彼らはお金のことで言い争った。

③ A couple of (quarrels / fights / battles) broke out near the stadium after the game.

試合後、スタジアムの近所でケンカが2、3件起こった。

④ You can win all the (war / battles) but lose the (war / battles).

個々の戦闘に勝っても戦争全体に負けるということもある。

⑤ Britain fought two (wars / battles) in Europe in the 20th century.

イギリスは20世紀にヨーロッパで2つの戦争を戦った。

解答 ①war ＊「宣戦を布告する」はdeclare war ②quarrel ③fights ＊暴力を伴う ④battles, war ＊「個々の戦闘」はbattle、「戦争全体」はwar ⑤wars ＊長期間に及ぶ戦争

11

question / problem / issue / affair / matter

問題

◆ **question**
さまざまな答えが予想される「問題」

◆ **problem**
論理的な思考が必要な「問題・難問」

◆ **issue**
多くの人が関心を寄せる「問題」

◆ **affair**
社会的・政治的・国際的な「問題・関心事」

◆ **matter**
重大な「問題」「事柄」

052

questionは、解決するかどうかは別にした単なる問いかけで、さまざまな答えが予想される「問題」です。

一方、problemは**論理的な思考や数学的に筋道の通った解決が求められ、理解しにくく取り扱いにくい「問題」**、つまり「難問・悩みの種」というのが基本です。

また、さまざまな答えが予想される文科系の問題はquestionであるのに対して、数学などの理科系の問題はproblemと区別します。

mathematical problem（数学の問題）
answer the question（問題に答える）
solve the problem（問題に答える）

議論や討論の場で取り上げられて話題となったproblem（問題）はissue。多くの人たちが関心を寄せる社会的、政治的、国際的な問題を指すことが多いです。

issueは個人的・社会的な問題の意味で、議論されるべき「問題（点）」に焦点が当てられ、「争点・論争」という意味もあります。

affairは社会的・政治的・国際的な「問題・関心事」が基本です。

current affairs（時事問題）
foreign affairs（外交問題）
India's internal affairs（インドの内政問題）

　matterは、動詞で「重要である」という意味があるように、**「重大な問題」とか「処理されるべき問題」**というニュアンスがあります。

a matter of life or death（死活問題）
Something is the matter with my watch.
（私の時計は調子が悪い。）
What's the matter?
（［相手の身を心配して］どうしたのですか。）
　単に「事柄」という意味で使うこともできます。
It's a matter of time.（時間の問題です。）

（ 問 題 ）

① Salary increase and work hours are at (question / problem / issue / affair / matter).

給料の引き上げと労働時間が問題となっている。

② To be or not to be, that is the (question / problem / matter).

生きるべきか死ぬべきか、それが問題だ。

③ The country has huge economic (questions / problems / matters).

その国は大きな経済問題を抱えている。

④ Foreign (problems / issues / affairs / matters) were not the only matters we discussed.

外交問題だけを話し合ったのではない。

⑤ It's a (problem / matter) of personal taste.

それは個人の好みの問題である。

解答 ① issue ＊話題となっている問題　② question ＊さまざまな答えが予想される哲学的な問題　③ problems ＊経済という処理しにくい問題　④ affairs ＊外交問題は affair　⑤ matter ＊「事柄」という意味の「問題」

Part 2

気持ちを伝える
英単語7

want / hope / wish
望む

◆ **want**
直接的な「願望・欲求」

◆ **hope**
叶う可能性がわずかにある「願望・欲求」

◆ **wish**
叶う可能性がほぼない「願望・欲求」

願望や欲求を表す気持ちは、wish – hope – wantの順で強くなります。赤ちゃんがお腹を空かせて「ミルクをちょうだーい！」と言うがごとく泣き叫ぶ時、マラソン選手が脱水症状になり水分を求める時のような欲求がwantの基本です。

　つまり、手に入るかどうかは問題ではなく、**とにかく欲しいという欲求、全体の一部が欠けているためにその部分を補おうとする自然で直接的な欲求**がwantです。"I want that SV～"という間接的な表現がないのはこのためです。

　恋に落ちた男性に会いたい気持ちは、

I <u>want</u> to see him.（彼に会いたい。）

　wantは「欠乏」とか「不足」という意味にもなります。

for <u>want</u> of money（お金が不足して）
This watch <u>wants</u> repairing.
（この時計は修理の必要がある。）
He is <u>wanting</u> in common sense.（彼は常識不足だ。）

　一方、hopeは、**実現する十分な根拠はないがある程度は可能だと信じる希望や願望**が込められています。そのため、「～を求める」のask/call for ～のように、要求を表す前置詞のforと結びつきます。

<u>hope</u> for peace（平和を願う）

最後のwishはおなじみの仮定法です。

I <u>wish</u> I were a bird.（鳥になれたらいいなぁ。）

実現はほぼ不可能だけど、できることならそうなってほしいという願望が基本です。

実現するレベルはwant ＞ hope ＞ wishの順になります。

ちなみに、仮定法でなぜ過去形を使うかというと、例えば、"He was a doctor.（彼は医者であった。）"という過去形の文には、「今は医者ではない」という意味が含まれています。つまり、**過去形はもともと現在の事実を否定する意味合いを持つ**からです。

また、仮定法だと、"I wish I were a bird."のように主語が単数でもwereを使うのは、そこに「ありえない」という気持ちが含まれているからです。容易に得られないものを要求する時は、hopeと同様にwish for 〜の形で使うこともできます。

(問 題)

① Do you (want / hope / wish) some more tea?

もっと紅茶飲まない?

② I (want / hope / wish) I didn't have to go.

行かなくてもよくなればいいのだけど。

③ I do (want / hope / wish) everything goes well.

すべてがうまくいくことを願っている。

④ The carpet really (wants / hopes / wishes) cleaning.

そのカーペットは確かに洗濯する必要がある。

⑤ I (want / hope / wish) that his plane won't be delayed.

彼の乗っている飛行機が遅れないことを願っている。

解答　①want ＊"Do you want some 〜？（〜はどう？）"はカジュアルにモノをすすめる決まり文句　②wish ＊過去形と一緒に使えるのはwishのみ　③hope ＊うまくいくことを願う気持ち　④wants ＊want -ingで「〜される必要がある」　⑤hope ＊that節にwillやwon'tが使えるのはhopeのみ

13

sure / certain
確かな

◆ **sure**
主観的な証拠に基づいた
「確かな」

◆ **certain**
客観的な証拠に基づいた
「確かな」

下の英文はどちらも正しいですが、両者には微妙な違いがあります。

> I'm <u>sure</u> she'll come.（彼女はきっと来ます。）
> I'm <u>certain</u> she'll come.（彼女はきっと来ます。）

　sureとcertainの基本的な違いは「確信の度合い」にあります。

　主観的な証拠に基づいた確信はsure、客観的な証拠に基づいた確信はcertainで表します。

　つまり、sureは確たる証拠がなくても「確実にそうなる」または「そうなってほしい」と思い込んでいる心的状態を表しています。他の英語で言い換えたら、I hope ～やI believe ～などに近い意味です。sureは、彼女が来るか来ないか心配している聞き手に安心感を与える一つのレトリックと考えてもいいでしょう。

　これに対しcertainは、きちんとした証拠があり、誰が見ても間違いないという意味での確信を表すので、客観的な事実として述べている印象を与えます。

　またsureは、副詞として「いいですよ」とか「もちろんです」という意味で使うことができます。

A: Will you open the windows?
（窓を開けてくれませんか。）
B: <u>Sure</u>.（いいですよ。）

　同様に、certainの副詞certainlyにも同じ意味があります。certainは客観性が強いため、sureに比べると、どことなくよそよそしさや冷たさが感じられると指摘するネイティブもいます。逆に、相手との間に一定の距離を置く必要がある改まった場面では、"Certainly."のほうが自然だと言えます。

　その他、certainには、確信はしているけれど何らかの理由でそれをあえて表に出さない時に「ある〜」という意味で使われたり、よくは知らないが名前だけはわかっているような状況で使われたりします。

a <u>certain</u> Mr. Smith（スミスさんという人）

　ただし、後に続く名詞が、fact（事実）やevidence / proof（証拠）などの場合は、「確かな・不動の」の意味で使われます。

(問題)

① It is (sure / certain) that they will agree.
彼らが同意するのは確かだ。

② (Sure / Certain) people will disagree with this.
ある人たちはこれに賛成しないでしょう。

③ "I bought a BMW."
"Are you (sure / certain)?"
「BMWを買ったよ。」「本当?」

④ His opinion is based on a (sure / certain) fact.
彼の意見は確かに事実に基づいている。

⑤ "Could I have another beer?"
"(Sure / Certainly), sir."
「ビールをもう一杯いただけますか。」「かしこまりました。」

解答 ①certain *客観性を持つ代名詞itと主観を表すsureは相容れない ②Certain *「ある〜」の意味はcertainのみ ③sure *明らかに友達同士の会話なのでsure ④certain *「確かな証拠」という客観性を表すのはcertain ⑤Certainly *改まった場面ではcertainlyのほうが自然

14

interesting / funny / amusing / exciting
面白い

◆ **interesting**
知的興味がわく「面白さ」

◆ **funny**
笑いを誘う「面白さ」

◆ **amusing**
笑いと楽しさを感じさせる「面白さ」

◆ **exciting**
わくわくする刺激的な「面白さ」

時代劇やゲームなどの影響で歴史を好きになった女性を「歴女」と言いますが、歴女が本を読んだり、博物館を見学したりした時に感じる「面白さ」のような<u>知的興味や関心を引き起こすのがinterestingの基本</u>です。

　冗談が好きでいつも生徒を笑わせる「面白い先生」の場合は、"an interesting teacher" ではなく "a funny teacher" です。<u>funnyとはコミカルでユーモアがあり、笑いを誘うような「面白さ」</u>を表します。

　本来、funは「楽しみ」という意味の名詞ですが、現在では形容詞として使うこともできます。

It was very <u>fun</u>.（とても楽しかった。）
I had a <u>fun</u> time at the park.
（その公園で楽しい時間を過ごした。）

　一方amusingは、ギリシャ神話の芸術の女神 "Mousa（ムーサ、ミューズ）" から派生した語で、「ムーサに目を向ける」が原義です。これはfunnyの意味にプラスαしたものと考えるとわかりやすいでしょう。

　「遊園地」はamusement parkですが、<u>笑いを誘うだけでなく「楽しさ」も感じ取ることができるのがamusing</u>です。

amusement park（遊園地）

　最後に、excitingですが、この単語の語源は「感情を外に出す」ことで「胸をわくわくさせる・刺激的な」という意味での面白さを表します。まさに、遊園地でジェットコースター（roller coaster）に乗って奇声を発しながら、面白がっているのがexcitingです。

　しかし、同じジェットコースターでも高所恐怖症の人にとってはexcitingを通り越して、thrillingな体験となるでしょう。thrillingは何かに心を突き刺されたような「ぞくぞく・わくわく感」を表します。

(問題)

① If this is your idea of a joke, I don't find it at all (interesting / funny / amusing / excited).

もしこれがあなたの冗談のアイデアなら全然面白くない。

② I found his lecture on cancer very (interesting / funny / amusing / excited).

彼のがんに関する講義はとても面白かった。

③ The theme park was (interesting / funny / amusing) to most kids.

そのテーマパークは多くの子供にとって楽しかった。

④ The baseball game last night was very (interesting / funny / exciting).

夕べの野球の試合はとても面白かった。

⑤ One (interesting / amusing / exciting) story after another kept the audience laughing.

次から次と楽しい話で聴衆は笑い続けた。

解答 ①funny *冗談の面白さ ②interesting *知的興味や関心 ③amusing *遊園地の面白さ ④exciting *試合の面白さ ⑤amusing *楽しさのある面白さはamusing

ashamed / embarrassed
恥ずかしい

- **ashamed** 罪の意識や後悔からの「恥ずかしい」

- **embarrassed**
へまをして、決まりが悪い時の「恥ずかしい」

日本語には「恥の上塗り」「恥知らず」「恥さらし」「旅の恥はかき捨て」「末代の恥」など、恥に関する言い回しが多いですが、やはり日本が「恥の文化」であることを裏づけるものなのでしょうか。

　日本語の「恥ずかしい」には2つの意味があります。
　1つは、何か悪いことをして他人の軽蔑の対象になったり、自分のしたことに罪の意識を感じたりした時の「恥ずかしい」。
　もう1つは、偶然、公衆の面前でへまをやり、決まりの悪い思いをした時の「恥ずかしい」です。
　英語ではこれら2つをはっきりと区別し、前者はashamedで、後者はembarrassedで表します。

　例えば、友達にうそをついたり、テストでカンニングをするなど<u>反道徳的なことをした後悔の気持ちから</u>「<u>恥ずかしく思う</u>」のはashamedです。
　ashamedの名詞形は、shame（恥）で「残念な気持ち」を表すこともあります。

That's a <u>shame</u>.（それは残念。）

　shameの形容詞shamefulは、行動や態度などが「恥ず

べき」とか「ひどい」という意味です。

shameful behavior（恥ずべき行為）
It's shameful to appeal to violence.
（暴力に訴えるのは恥ずべきことだ。）

　一方、体型を気にしている人が人前で体重を聞かれたり、大勢の人がいる前でつまずいて転んだり、スーパーマーケットのレジでお金を払おうとしたら財布を家に忘れていたことに気づいたりした時など、**決まりが悪い時に感じる「恥ずかしさ」がembarrassed**です。
　同じ形容詞のembarrassingは人を「困らせるような」とか「厄介な」の意味になります。

Don't ask me such an embarrassing question.
（そんな人を困らせるような質問はしないで。）

　名詞形はembarrassmentです。

(問題)

① She slightly felt (ashamed / embarrassed) at being the center of attention.

彼女は注目の的になってちょっと恥ずかしかった。

② I am (ashamed / embarrassed) that I didn't believe you.

私があなたを信じなかったことを恥ずかしく思います。

③ I felt (shame / embarrassment) at having told a lie.

うそをついたことを恥ずかしく思った。

④ What (a shame / an embarrassment) you didn't win!

勝てなかったのは残念でしたね!

⑤ I felt (ashamed / embarrassed) about how messy the house was.

家が散らかっていることを恥ずかしく思った。

解答 ① embarrassed ＊公衆の面前で感じる恥じらい ② ashamed ＊自分のとった行動に対して感じる罪の意識 ③ shame ＊2と同じ ④ a shame ＊「残念」の意味 ⑤ embarrassed ＊決まりの悪い恥ずかしさ

satisfied / content / satisfactory
満足した

◆ **satisfied**
十分に「満足した」

◆ **content**
不満は残るがそれ以上は望めないので
よしとしておくという意味の「満足した」

◆ **satisfactory**
不満はあるが最低限の基準は満たしている。モノや事柄が人にとって
「満足な」という意味で使われる。

「満足した」「〜に満足している」という意味の英語にbe satisfied with 〜とbe content with 〜の2つがありますが、伝える内容は微妙に異なります。

satisfiedは他動詞satisfyの形容詞です。

satisfiedが「**(要求や希望が十分に) 満たされている**」のに対して、**content**は「**(多少の不満は残るが、それ以上は望めないのでまあ一応) よしとしておこう**」といったニュアンスがあります。

似たような文でも以下のように意味が異なります。

He is <u>satisfied</u> with his present job.
（彼は現在の仕事に十分満足している。）
He is <u>content</u> with his present job.
（［昨今の不況を考えたら今の仕事にせんじるしかないので］彼は現在の仕事に満足している。）

satisfiedの代わりにgratifiedを使うこともできますが、改まった言い回しなので、普段の会話では使わないほうがいいでしょう。

その他、「自分の希望が叶えられてうれしい（満足している）」気持ちを表す最も一般的な語がhappyです。

I'm <u>happy</u> with the result.（結果に満足しています。）

他動詞satisfyの形容詞にsatisfactoryがあります。意味は、contentに近く「**不満な点はあるが最低限の基準に達しているので、まあまあ満足できる**」です。決してほめ言葉にはなりません。そのため、ディナーに招待されて、「とっても満足しました」と言うつもりで、satisfactoryを使ってしまったら、二度と招待されることはないでしょう。

　また、**satisfactoryはモノや事柄が人にとって「満足な」という意味で、主語が人になることはありません。**

Today's dinner was quite satisfactory.
（今日のディナーは［少し不満はあるが］満足できました。）

　一般にアメリカの学校での成績評価は、州によって違いますが、A（excellent）/ B（good）/ C（satisfactory）/ D（below average）までが一応合格で、F（failure）が不合格となることを考えてみても、satisfactoryは、やはり、満足できる成績とは言えません。

(問 題)

① He had to be (satisfied / content / satisfactory) with third place.

彼は3位に満足せざるを得なかった。

② Keep all letters from (satisfied / content / satisfactory) customers.

満足したお客様からの手紙は全部保管しなさい。

③ His homework was (satisfied / content / satisfactory) so I gave him a grade of C.

彼の宿題は可であったのでCをあげた。

④ Be (satisfied / content / satisfactory) with your small salary.

少ない給料でも満足しなさい。

⑤ I'm not completely (satisfied / content / satisfactory) with the result.

結果に完全に満足しているわけではない。

解答 (1) content ＊甘んじる意味。またsatisfactoryは主語に人をとらない (2) satisfied (3) satisfactory (4) content ＊1と同じ (5) satisfied ＊completely「完全に」と一緒に使えるのはsatisfiedのみ

be ready to / be willing to
喜んで〜する

◆ **be ready to**　積極的に喜んでする

◆ **be willing to**　積極的ではないがイヤではないのでする

どこの居酒屋だったかははっきりと覚えていませんが、何かを注文すると「はい、牛タン一丁、喜んで」などと最後に必ず「喜んで」と言うお店がありました。最初のうちは「喜んで」という言葉から気持ちが伝わってくるのですが、客の数が増えて彼らの仕事量も増えてくるにつれて、だんだんと気持ちがなくなり、いつの間にか何かの合い言葉か山びこのように聞こえてくるものでした。

ところで、日本語の「喜んでお手伝いいたします。」を英語に訳したら、以下の二つが考えられると思いますが、みなさんはどちらを選びますか。

I'm ready to help you.（喜んでお手伝いいたします。）
I'm willing to help you.（喜んでお手伝いいたします。）

私なら迷わず前者を選びます。

確かに、be ready to ～も be willing to ～も日本語にすると「喜んで～する」で同義ですが、積極性という点において大きな違いがあります。

readyは「～する準備ができている」が原義で、積極的に何かをしたい気持ちを表すのに対して、**willingは積極的ではないが人から頼まれれば特に反対する理由もない時に使います**。「～するのはいとわない」とか「～するのもやぶさかではない」という消極的な意味合いが強く働いていると

いうことです。

　「喜んでお手伝いします」の意味で、"I'd be happy to help you." と "I'd be glad to help you." がありますが、基本的に**happy**や**glad**のほうが、**ready**よりも**積極性**が感じられます。

　happyもgladも基本的には「嬉しい」という意味ですが、微妙な違いがあります。happyは語源が「幸運な」に由来し、心の底から自然とこみ上げてくる素直な「喜び」であるのに対して、gladは「キラッと輝く」が語源で、光が見えたときの安堵感を暗示する「喜び」です。

　そのため、以下の伝える内容は微妙に異なります。

I'<u>m happy at</u> the news.
I'<u>m glad at</u> the news.
（私はそのニュースを嬉しく思っている。）

　前者は心の底からの喜びで、後者はホッとした喜びです。

(問 題)

① My friend, Jack is always (ready / willing) to help me when in trouble.

友達のジャックは困っている時はいつも喜んで助けてくれる。

② If you are (ready / willing) to fly at night, you can get a much cheaper ticket.

夜に出発するのがイヤでなければもっと安いチケットがあるのですが。

③ I'm (ready / willing) to meet her again.

彼女にもう一度会ってもいいと思っています。

④ She's always (ready / willing) to help in a crisis.

彼女はいざと言う時にはいつも進んで助けてくれる。

⑤ You said you needed a volunteer – well, I'm (ready / willing).

ボランティアが必要だって言ってたね。じゃあ私がしましょう。

解答 ① ready ② willing ③ willing ④ ready ⑤ willing

heart / mind / soul
心

◆ **heart**
愛情や喜怒哀楽の感情が宿る場所の「心」

◆ **mind**
思考が宿る場所の「心」

◆ **soul**
肉体の反対としての魂、信仰心としての「心」

「心の暖かい人」「心変わり」「心のこもった贈り物」「広い心の持ち主」など日本語の「心」には、じつにさまざまな使い方があるので、英訳するのも一苦労です。

　まずheartは、特に愛情（love）など喜怒哀楽の感情（feelings）が宿る所で、日本語の「心・気持ち」に相当する語と考えてください。

take heart（元気を出す）
lose heart（がっかりする）
to the bottom of one's heart（思う存分、心ゆくまで）
from the bottom of one's heart（心の底から）

　一方、mindは、知性や理性の宿る所で「意思の力・考える力・意見」などの日本語に相当します。

read one's mind（相手の考え・意見＝心を読みとる）
make up one's mind（決心する、意思を固める）
be out of one's mind
（理性の外に出てしまう＝気が変になる）

　では、「心変わりする」という表現は、英語ではmindとheartのどちらで言えばいいのでしょうか。「自らの考えや

意思を変える」という意味ではchange one's mindとなり、「特に意識せずに何となく気持ちが変わった」という意味ならhave a change of heartということになります。

　change one's heartという表現がないのは、意思の力で変える（change）ことと意思の力では変えられない感情（heart）は、もともと相容れない性質を持っているからです。

　soulはbodyの反意語ですから、「**魂・気迫・精神力**」の意味で、**人間の心の深い部分や深い信仰心**を表しています。
Our soul is immortal.（私たちの魂は永遠です。）

(問題)

① He has a very kind (heart / mind / soul).

彼はとてもやさしい心の持ち主です。

② He has a very sharp (heart / mind / soul).

彼はとても頭が切れる。

③ So many people, so many (hearts / minds / souls).

十人十色。

④ This painting lacks (heart / mind / soul).

この絵には心がこもっていない。

⑤ She has a broken (heart / mind / soul).

彼女は傷心している。

解答 ①heart *心や気持ち ②mind *考える力 ③minds *人がたくさんいたらたくさんの考えがあるという意味 ④soul *魂のこもっていない絵 ⑤heart *傷ついた感情

Part 3

見方で変わる
英単語10

see / look / watch
見る

◆ **see**
意識せずに自然と目に入る「見る」「理解する」

◆ **look**
意識して視線を向けて「見る」

◆ **see**
意識せずに自然と目に入る「見る」

◆ **watch**
動くものに集中して長い間「見る」「観察する」

seeの基本は、見ようと意識しなくても自然と目に入ることですが、映画・演劇の鑑賞やスポーツの観戦の意味でもseeを使うことができます。

　また、相手が言ったことに対してうなずく時に、

I see.（なるほど。）

と言うように、内容的なものを見る、つまり「調べる」「確かめる」「理解する」などの意味で使うこともできます。

　相手の注意を引きつけたい時に、

Look at the blackboard.（黒板を見なさい。）
Look!（ほら見て！）

と言うように、**lookの基本は、ある特定のものを見ようと意識して一定の方向へ視線を向けること**です。主に静止しているものを見ます。

　どこかに視線を向けるから、up / down / at / for / away / backなどの方向を示す前置詞や副詞などを伴うことが多いのも、うなずけますね。

look up（見上げる）
look down（見下ろす）
look at 〜（〜を見る）
look for 〜（〜を探す）

look away（目をそらす）
look back（振り返る）

　watchは「バードウォッチング（bird-watching）」という言葉から類推できるように、動いているものや動く可能性のあるものに意識を集中して、「長い間見る」とか「観察する」が基本です。
　watchはseeと同様に、映画やスポーツを見る場合にも使えますが、同じ「映画を見る」でも伝えるニュアンスが異なります。

see a movie（映画を見る）
watch a movie（映画を見る）

　前者は映画館の大きなスクリーン上に映し出された映像が自然と目に入る感じなのに対して、後者はテレビなど比較的小さい画面に注意を集中して見るイメージです。

(問 題)

① I (saw / looked / watched) in the dark, but (saw / looked / watched) nothing.

暗がりの中で見ようとしたが何も見えなかった。

② Did you (see / look / watch) what happened?

何が起こったかわかりましたか。

③ I (saw / looked / watched) everywhere but Jimmy was nowhere to be found.

あらゆる場所を見たがジミーはどこにもいなかった。

④ Do you want me to (see / look at / watch) the kids while you are out?

外出中、子供たちを見ていましょうか。

⑤ Can I (see / look at / watch) your ticket, please?

チケットを拝見できますか。

解答 ①looked, saw ＊意識して一定方向を見るのはlook、その結果自然と見えるのがsee ②see ＊「理解する」の意味を持つのはseeのみ ③looked ＊1と同じ ④watch ＊長い間集中して見るのはwatch ⑤see ＊チケットが本物かどうかを調べたり確かめたりするのはsee

large / big
大きい

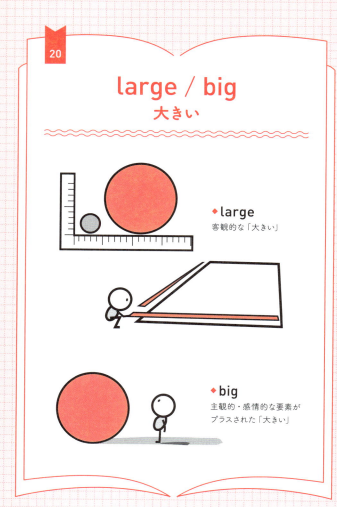

◆ large
客観的な「大きい」

◆ big
主観的・感情的な要素が
プラスされた「大きい」

洋服やファストフード店での飲み物のサイズをS（small）・M（medium）・L（large）で表します。このように「大きい」ことを表すlargeは、**他と比較した時の物理的な物の「大きさ・広さ」**を表します。

例えば、単純に2つのモノを比べたら、

A is larger than B.（AはBよりも大きい。）

東京の物理的な「大きさ」、つまり「面積」を聞きたければ、

How large is Tokyo?（東京の大きさはどれくらいですか。）

客観的な大きさを表すので、「数量」や「割合」の大きさにもlargeを使います。

a large amout of money（多額のお金）

a large number of people（大勢の人たち）

a large proportion of the students（大部分の学生たち）

largeにプラスαの意味をつけたものがbigです。largeが単に物理的な大きさや数量・割合を表すのに対し、**bigは主観的・感情的な要素がプラス**されます。

How big is Tokyo?（東京の大きさはどれくらいですか。）

単なる地理的な面積だけでなく、そこに住む人々や高層ビルの「多さ」や、政治・経済面での大都会東京の「重要性」

などを含めて問う疑問文となるわけです。

　ファストフード店で注文したMサイズの飲み物も「私にとって大きすぎる」としたら、

It's too big for me.（私には大きすぎる。）

　また、自分の体よりも大きなぬいぐるみを見た時の子供の反応は、

What a big doll it is!（わぁー、大きい人形！）

となるように**感情的な要素が含まれるbigは、親しみを込めた愛称などによく使われます**。英国の国会議事堂にかけられた大時計の"Big Ben"しかり、ニューヨークのニックネーム"Big Apple"しかり、マクドナルドの特大のハンバーガー"Big Mac"しかりですね。

(問題)

① Buying that house was a (large / big) mistake.

あの家を買ったことは大きな間違いであった。

② A (large / big) population of homeless people live in the park.

ホームレスの多くが公園に住んでいる。

③ Tonight is the (largest / biggest) match of his career.

今夜は彼の人生で最も大きな試合だ。

④ I'm a (large / big) fan of Hitoto Yo.

私は一青窈の大ファンだ。

⑤ He wears extra (large / big) shirts.

彼は特大のシャツを着ている。

解答 ①big ＊「重要な・深刻な」という意味はbig ②large ＊「割合」や「数量」を表すのはlarge ③biggest ＊1と同じ ④big ＊好きという感情が込められるのはbig ⑤large ＊他との比較を表すのはlarge

small / little
小さい

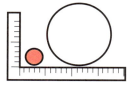

◆ **small**
客観的な「小ささ・狭さ」
「とるに足らない」

◆ **little**
感情を込めて「小さくて可愛らしい」「とるに足らない」

前項で取り上げたlargeの反意語がsmallと考えるとわかりやすいでしょう。つまり、他と比較した時の客観的な「小ささ」や「狭さ」を表すのがsmallとなります。「大・中・小」の「小」を選ぶ時はS（small）です。

　largeの場合と同様に、smallは「数量」や「割合」が小さいことにも使われますが、「とるに足らない」という否定的な意味で使われることもあります。

live on a small income（少ない収入で暮らす）
a small amount of money（少額のお金）
He made a small mistake.（彼はささいな間違いをした。）

　一方、bigの反意語がlittleです。largeとbigの関係と同じように、littleはsmallにプラスαの意味をつけたものと考えてください。

littleには単なる「小ささ」だけでなく、感情を込めて「小さくて可愛らしい」というニュアンスがあります。

　客観性を重視するsmallがsmaller-smallestと活用形があるのに対して、littleには比較級と最上級がないのが原則です。

　bigの場合と同じように、親しみの気持ちを込めて、「小熊座」は"Little Bear"、ロサンゼルスの「日本人居住地区」

は "Little Tokyo"、「星の王子様」は "Little Prince" など、愛称で頻繁に使われます。

このように little は基本的にプラスイメージを持ち、beautiful（美しい）/ pretty（可愛い）/ nice（すてきな）/ sweet（優しい）などの形容詞と一緒に使われることが多いです。

しかし一方で、感情を込めて「とるに足りない」という否定的な意味で使われることもあるので要注意です。

トランプ大統領は、かつて国連の場で、金正恩氏を "Little Rocket Man." と呼びましたが、これは little が否定的な意味で使われた代表的な例と言えましょう。

また、little は名詞の前でのみ使われます。

○a little house（小さな家）
×The house is little.（その家は小さいです。）

(問 題)

① The T-shirt was too (small / little) for him.

そのTシャツは彼には小さすぎた。

② My (small / little) brother is seven years old.

私の弟は7歳です。

③ Look at the cake decorated with (small / little) flowers!

小さな花で飾られたケーキを見て!

④ They're having a relatively (small / little) wedding.

彼らは比較的小さな結婚式を行う予定です。

⑤ They live in a nice (small / little) house.

彼らは小ぎれいな家に住んでいる。

解答 ①small ＊客観的に小さいのはsmall ②little ＊「弟」や「妹」などの愛称はlittle ③little ＊プラスの感情が込められるのはlittle ④small ＊1と同じ ⑤little ＊3と同じ

tall / high
高い

◆ **tall** 下から上まで見た「高い」

◆ **high** 高い部分にのみ注目して「高い」、他と比較して「高い」

tall とhighの基本的な違いは、視線の方向にあります。**垂直方向に視線を向けるのがtall**で、**高い所の一点に視線を向けるのがhigh**です。

つまり、tall（背が高い）は比較的細長いものについて下から上に視線を向けるのに対し、highは高い所だけに視線や意識を向けているのです。

例えば、これはどちらも間違いではありません。

a <u>tall</u> building（高いビル）
a <u>high</u> building（高いビル）

しかし、表す内容は、前者がビルの下から上まで見ているのに対して、後者は高いビルの屋上に立って言っているか、飛行機やヘリコプターからビルの高い部分だけを見ながら言っているという違いです。

以下の質問から、tallとhighの違いがよくわかります。

How <u>tall</u> are you?（あなたの身長はどれくらいですか。）
How <u>high</u> are you?（どれくらい高い所にいますか。）

垂直方向に立つことができない赤ちゃんの身長は、当然tallで表すことはできません。横に寝かせて測ることになるため、「長さ（long）」で表すのが普通です。

刑務所を囲む高い壁（high wall）のように、**平均より高いものにはhighを使うことができます。**

high heel（ハイヒール）

high ceiling（高い天井）

　また、**highは高さが強調されるので、抽象的なものを形容することができます。**

high price（高い値段）

high-class（高級な）

high school（高校）

high society（上流社会）

high technology（ハイテク）

　一方、下から上までを冷静に見るtallは抽象的な名詞につくことは少なく、例外的に以下の表現があるのみです。

tall price（法外な値段）

tall story（ほら話）

tall order（無理な注文）

(問 題)

1 I am (taller / higher) than my big brother by one inch.

私はお兄さんより1インチ背が高い。

2 The house was surrounded by a (tall / high) fence.

その家は高い塀に囲まれていた。

3 The grass was knee-(tall / high).

草地は膝の高さだった。

4 Look at that (tall / high) chimney over there.

向こうのあの高い煙突を見て。

5 Mt. Fuji is the (tallest / highest) mountain in Japan.

富士山は日本で一番高い山です。

解答 (1) taller ＊細長いものは tall (2) high ＊平均よりも高いことを表している (3) high ＊草地の上部分にのみ注目している (4) tall ＊1と同じ (5) highest ＊細長く垂直方向に伸びている山なら tall も可能だが、一般的に高い山なので high

fat / plump / overweight / obese
太った

◆ **fat**
人に使うとマイナスイメージの「デブ」

◆ **plump**
女性や子供に使う「ぽっちゃりした」

◆ **overweight**
標準体重より重い「太り気味」

◆ **obese**
医者が使う「肥満」

太ったことを表す最も一般的で直接的な語はfatですが、この語は使い方に要注意です。

　基本的にマイナスのイメージを持つ語で、特に相手が女性の場合、面と向かって発してはいけません。なぜなら、**fatは日本語の「デブ」に相当する語**だからです。日本語でも「私、デブに見えますか」のように、自分に対して使うのは問題になりませんが、相手に言えばケンカを売っているようなものです。

You look fat.（デブに見えますよ。）

　同様に、a fat legと言えば、「太い足」よりも「大根足」と訳した方が元の意味により近くなるでしょう。

　ただし、fatがモノを形容する時はプラスのイメージを与えることもあります。

a fat purse（お金のたっぷり入った財布）
a fat income（多額の収入）

　日本語の「ぽっちゃりした」に相当する語がplumpです。イギリスで権威のある辞書LDOCE（ロングマン現代英英辞典）には、"slightly fat in a fairly pleasant way"とあるように、ちょっと太っていることを好意的に伝える語です。

特に女性や赤ちゃんが対象となりますが、果実などの「肉づきがよい」とか「丸々した」という意味で使うこともできます。

a plump baby（まるまる太った赤ちゃん）

a plump face（ふっくらとした顔）

a plump tomato（まるまるとしたトマト）

「太った」ことを中立的に表す語に、overweight（太り気味）があります。

また、医者が患者に対して、不健康なほど太っていること、つまり「肥満」を伝える語にobeseがあります。

(問 題)

① The nurse was a cheerful (fat / plump / overweight / obese) woman.

その看護師は陽気でぽっちゃりしている女性だった。

② I'm so (fat / plump / overweight / obese) at the moment!

私は目下とても太っている！

③ She got mad when I said she is (fat / plump / overweight / obese).

彼女にデブだと言ったら彼女は怒った。

④ He was diagnosed as (fat / plump / overweight / obese).

彼は肥満の診断を受けた。

⑤ He is at least ten kilograms (fat / plump / overweight / obese).

彼は少なくとも10kgは太り気味だ。

解答 ① plump ＊プラスイメージのある言葉　② fat ＊マイナスイメージのある言葉　③ fat ＊2と同じ　④ obese ＊医者が使う用語　⑤ overweight ＊中立的な言葉

PART 3　見方で変わる英単語10

thin / lean / slim
痩せた

◆ **thin**
中立とマイナスの両方のイメージを持つ「痩せている」、モノが「薄い」

◆ **lean**
筋肉質で贅肉のない「痩せている」

◆ **slim(slender)**
体型維持をした「痩せている」

身長の割に体重が軽いこと、つまり「痩せている」ことを表す最も一般的な語がthinです。

　この語は、**客観的で中立的なイメージを持つ場合と、マイナスのイメージを持つ場合があります。**

a tall, <u>thin</u> man（背が高く痩せた男性）

look pale and <u>thin</u>（青白く痩せこけて見える）

　次のように、「太った」ことを直接的に表すfatの遠回しな表現として、notなどを伴って使うこともできます。

She is not too <u>thin</u>.
（彼女はあまり痩せているとは言えません。）

　モノについて言う場合は、**thick（厚い）の反対語**として「薄い」という意味になります。

a <u>thin</u> slice of bread（薄切りのパン）

　シンナー（thinner）とは、ペンキなどの「薄め液」のことですね。

　一方、leanは、プラスイメージで、水泳選手やその他のアスリートのように「贅肉がなくしまった体型である」ことを暗示します。つまり、**「筋肉質で痩せた」のが**leanなの

で、主に男性に対して使われます。**モノの脂肪がない様子を表すこともあります。**

lean meat（赤身の肉）

　最後のslimですが、これは改まった場面ではslenderとなり、両方ともプラスイメージの語です。
　ダイエットや運動を通して、体重を減らしたり、維持したりしながら「ほっそりとした状態を保っている」というニュアンスで、男女両方に使うことができます。

(問 題)

① Keiko, I really envy your lovely (thin / lean / slim) figure.

ケイコ、あなたの見事に痩せた体型が本当に羨ましいわ。

② He was (thin / lean / slim), and muscular.

彼は痩せていて筋肉質だった。

③ His brother is a (thin / lean / slim) athlete.

彼の弟は痩せた運動選手です。

④ Ken looked (thin / lean / slim) after his illness.

ケンは病後、痩せて見えた。

⑤ His hair is getting (thinner / leaner / slimmer) these days.

彼の髪は近頃薄くなってきた。

解答 ① slim ＊女性に対するほめ言葉 ② lean ＊筋肉質で痩せている ③ lean ＊2と同じ ④ thin ＊マイナスのイメージを持つのはthin ⑤ thinner ＊モノが薄くなるのはthin

25

narrow / small
狭い

◆ **narrow** 幅が狭いの「狭い」

◆ **small** 面積が小さいの「狭い」

知り合いを自宅に招いた時に日本人がよく使う「狭い所ですが〜」という表現をそのまま英語で表すと、"My house is narrow."（私の家は狭い。）と言いがちですが、この英語はちょっと妙な感じです。

　私自身、数十年前に受けたガイド通訳試験の二次試験（英語面接試験）では、かなり緊張していたせいか「日本は狭い国なので〜」を"Japan is a narrow country, so..."と言ってしまい、面接官から、"Japan is not a narrow country but a small country."と笑われながら指摘を受けてしまったという苦い思い出があります。でも、結果はかろうじて合格でした（I narrowly passed the test.）。

　日本語の「狭い」という形容詞には「幅が狭い」という意味だけでなく「面積が小さい」とか「広くない」という意味があるので、こういった間違いを犯してしまうのでしょう。

　英語では「**面積が小さい**」意味での「**狭い**」は、smallで表します。"My house is small."と言うのが正しい表現です。しかし、家がウナギの寝床のように実際に細長いのであれば、"My house is narrow."と言うことは可能です。また、地図を見ながら「日本は細長い国です」と言いたいの

であれば、"Japan is a long, narrow country." と言うことはできます。

　narrow は、「面積」ではなく、単に「幅が狭い・細長い」ということで「端から端までの距離が短いこと」を表すのが基本です。

a narrow street（狭い通り）

a narrow river（細長い川）

　知識・範囲・心が「狭い」という意味でも使います。

in a narrow sense（狭義で）

a narrow mind（狭量）

a narrow view（狭い視野）

a narrow knowledge（狭い知識）

　「かろうじて」の意味もあります。

a narrow victory（辛勝）

a narrow escape（危機一髪）

(問題)

① He lives in a (narrow / small) apartment.

彼は狭いアパートに住んでいる。

② The street is too (narrow / small) for a truck.

通りは狭くてトラックが通れない。

③ We drove along the (narrow / small) country lane.

私たちは狭い田舎道をドライブした。

④ The result was a (narrow / small) victory.

結果は辛勝だった。

⑤ Cut the meat into (narrow / small) pieces.

肉をみじん切りにします。

解答 ① small ② narrow ③ narrow ④ narrow ⑤ small

wide / large / broad
広い

◆ **wide** 幅が広いの「広い」

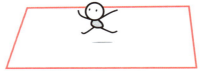

◆ **large** 面積が大きいの「広い」

◆ **broad** 幅の魅力的な広がり（体の一部にも）

日本語の「狭い」には「幅が狭い」と「面積が小さい」という意味があるように、「広い」という日本語にも、単に「幅が広い」だけでなく「面積が広い」という意味があります。しかし英語では「幅が広い」の意味ならwide を、「面積が広い」の意味ならlargeを使います。そのため、「あなたの広い部屋が羨ましい。」と言う時は、wide roomではなくlarge roomと言います。

I envy your large room.（あなたの広い部屋が羨ましい。）

　「端から端までの距離が短いこと」を表すのがnarrow（狭い）でしたが、このnarrowの反意語がwideと考えてください。つまり、wideは「端から端までの距離が長いこと」を表します。

a wide street（幅の広い通り）
a wide river（幅の広い川）

The lane is too narrow for my car to pass.
（その路地は狭すぎて私の車が通れません。）

　この文をwideで表すと、このようになります。

My car is too wide to pass the lane.
（私の車は幅が広すぎて路地を通ることができません。）

　wideは、フェンスや壁の穴・二つの間のギャップなど

が大きい、目・口・戸が大きく開いている状態、選択・種類・知識・範囲が広いなどの意味があります。

歯科医が患者に言う言葉は、

Open your mouth wide.（大きく口を開けて。）

broad も wide と同様に、「端から端までの距離が長いこと」を表しますが、広々とした表面的な広がりや魅力的な広がりをイメージさせる語です。

例えば、a wide street が単に「幅が広い通り」であるのに対して、a broad street は「広々とした通り」という感じになります。そのため、ニューヨークのマンハッタンの Broadway も Wideway としたら全然感じが出てこないのです。

broad は、体の一部を表す語とも一緒に使われます。

broad shoulders（広い肩幅）

a broad forehead（広いおでこ）

ちなみに、陸上の幅跳びは、イギリスでは long jump ですが、アメリカでは broad jump と言います。

(問 題)

① What is the (widest / broadest) river in the world?

世界で一番幅の広い川はどれですか。

② He has (wide / broad) shoulders and a narrow waist.

彼は肩幅が広くて腰が細い。

③ How (wide / broad) is this bridge?

この橋の幅はどれくらいですか。

④ Open your eyes (wide / broad).

目を大きく開けてください。

⑤ I want to live in a (wide / large / broad) house.

広い家に住みたい。

解答 ① widest ② broad ③ wide ④ wide ⑤ large

coast / shore / beach / seaside
海岸

◆ **coast**
地図で見た広い地域の「海岸」、陸から見た海との境界

◆ **shore**
小さな島の海岸、海から見た陸との境界

◆ **beach** 砂浜、波打ち際

◆ **seaside** 一般的な海岸

coastは、地図で見るような広い地域の「海岸」や「沿岸」を表し、陸の方から見た海との境界の意味で使われます(ただしcoastlineと言えば、海の方から見た「海岸線」の意味です)。

the Atlantic <u>coast</u> of Spain(スペインの大西洋側の海岸)

以下のように、**話し手が陸にいることが前提**となります。

We drove along the Pacific <u>coast</u> to Seattle.
(私たちはシアトルまで太平洋沿いにドライブした。)
How long is the journey to the <u>coast</u>?
(海岸までの行程はどれくらいになりますか。)

同様に、以下は話し手が陸から船を見ていることになります。

The boat sailed along the <u>coast</u>.
(船は海岸沿いを航行した。)

from coast to coastは、文字通り「海岸から海岸まで」から「全国的に」の意味に、またアメリカ英語ならば、「大西洋岸から太平洋岸まで」の意味で使われます。

これに対して、**shore**は、海岸・湖畔・河の岸を表す最も<u>一般的な語</u>で、必ずというわけではありませんが、海(湖・

河)の方から見た陸との境界を表すことが多いようです。
They managed to swim from the boat to the <u>shore</u>.
(彼らは何とか船から岸まで泳いでたどり着いた。)

　また、coastのような広がりのイメージはないので、小さな島の「海岸」の意味ではshoreを使い、coastを使うことはありません。

　beachはshoreの一部で、海沿いの砂や小石に覆われた部分を表し、日本語の「砂浜、波打ち際」に相当します。感覚的には、人が海水浴や散歩などリラックスできる場所をイメージさせる語です。湖の浜の意味で使われることもあります。

　seasideは、アメリカ英語では「海岸」を表す一般的な語ですが、イギリス英語では「ホテルやレストラン、お店が立ち並ぶ観光地・保養地の海岸」を指して言います。

(問 題)

① The ship was wrecked on the Florida (coast / shore / beach).

その船はフロリダ海岸で難破した。

② The tourists were sunbathing on the (coast / shore / beach).

観光客たちは砂浜で日光浴をしていた。

③ He has a summer house on the (coast / shore / beach) of Lake Towada.

彼は十和田湖畔に別荘を持っている。

④ Let's spend a holiday at the (beach / seaside / shore).

海岸で休日を過ごそう。

⑤ He quickly rowed to the (coast / shore).

彼は急いで岸まで漕いだ。

解答 ①coast ②beach ③shore ④seaside ⑤shore

28

scene / scenery / view / sight / landscape
風景

◆ **scene**
舞台、場面、背景

◆ **scenery**
ある地域の美しい自然風景全体

◆ **view**
目に前に広がる美しい自然の眺め

◆ **sight** 視界に入る光景

◆ **landscape**
美しい陸地や田園地方の風景・風景画

sceneは、ギリシャ語のskene（劇場のテント・舞台）に由来し、**劇や映画、小説などの「舞台・場面・背景」**を表すのが基本です。事件や事故の「現場」や、ある「場面・出来事」、または限定された「風景」を表し、数えられる名詞として扱います。

sceneryは、山や森林、砂漠など「**ある地域の美しい自然風景全体**」を指すのが基本で、舞台装置という意味での「背景」もあります。数えられない名詞として扱います。

viewは、ラテン語のvidere（見る）に由来し、**窓や高い所から目の前に広がる「美しい自然の眺め」**を表すのが基本です。sceneryよりも限定されているため、sceneryの一部と考えてください。

a room with a <u>view</u> of the sea
（海の景色が眺められる部屋）

sightは、see（見る）の名詞形で、**単に視覚によって得られた「眺め・光景」**を表す語です。

He has poor <u>sight</u>.（彼は視力が弱い。）

The thief ran away at the <u>sight</u> of the police officer.
（泥棒は警察官を見て逃げた。）
Out of <u>sight</u>, out of mind.（去る者日々に疎し。）

　landscape は、seascape（海の風景）に対する語で、<u>一目で見渡せる美しい陸地・田園地方の「風景・風景画」</u>を表します。

Deforestation has changed the <u>landscape</u>.
（森林伐採で風景が変わった。）

(問題)

① They stopped at the top of the hill to admire the (scene / scenery).

彼らは丘の上に立ち止まって、景色を賞賛した。

② A huge nuclear reactor now spoils the (scene / view / sight) of the coastline.

今や、巨大な原子炉が海岸線の眺めを台無しにしている。

③ Homeless people are now a familiar (scene / view / sight) on our streets.

今では、通りでホームレスはよく目にする光景となった。

④ The (scenery / sight / landscape) from the mountains is green and beautiful.

山々からの風景は美しい緑である。

⑤ There are some violent (scenes / sceneries / sights) in the movie.

その映画にはいくつか暴力的な場面がある。

解答 ①scenery ＊丘の上から見渡せる美しい自然の風景全体 ②view ＊特定の場所から見る美しい自然の風景 ③sight ＊視覚によって得られる眺め ④landscape ＊美しい陸地や田園風景 ⑤scenes ＊映画の一場面

Part 4

移動や変化の
英単語8

go / come
行く・来る

◆ **go** 話し手がいる場所から「行く・去る」

◆ **come** 話し手がいる場所に「来る」

go と come の違いを端的に言えば、話し手が「起点」か「到達点」かということです。つまり、go は話し手がいる場所から「行く・去る」で、come は話し手がいる場所に「来る」です。

ただし、**come は話し手が「話題の中心になっている場所に行く」や「聞き手がいる場所に行く」場合にも使えます。**

Are you going to the party?
（あなたはパーティーに行きますか。）
Are you coming to the party?
（[私は行きますが] あなたはパーティーに行きますか。）

"Dinner's ready.（ごはんできたよ）" と言われて「今行きます」なら、ご飯を食べる場所＝聞き手がいる場所に行くことなので、

I'm coming.（今行きます。）

go と come の違いをうまく表している表現があります。

His temperature went down.（彼の体温は下がった。）
His temperature came down.（彼の体温は下がった。）

前者は、今の体温が「起点」になるので、「単に体温が下がった」という状況や「平熱から体温が下がった」という状況を表します。

後者は、今の体温が「到達点」になるので、高熱の状態から体温が下がったことを示唆しています。comeにはニュアンスが加わっています。

　goとcomeには「〜になる」という意味もあります。今がよい状態であると考えて、「起点」のgoは今より悪い状態「になる」、「到達点」のcomeはよい状態や元の状態「になる」という意味で使われることが多いです。

　goは「起点」を表すため、基本的には行き先や様態を表す語句が必要となります。そのため、これらの語句がない場合、「(その場から)いなくなる・亡くなる・消える」という意味になります。
　招待されたパーティーなら、
I'm afraid I must be going.（そろそろおいとましなければ。）
　テイクアウトのお店なら、
For here or to go?
（こちらでお召し上がりですか、お持ち帰りですか。）

(問題)

① "Jane, get over here!"
"(Going / Coming), dad."
「ジェーン、ここに来て！」「今行く、父さん。」

② (Go / Come) and get me a drink.
飲み物をとって来て。

③ His dream (went / came) true.
彼の夢は実現した。

④ He (went / came) bald in his early twenties.
彼は20代前半ではげた。

⑤ Are you (going / coming) to the party?
（私は行きますが）あなたはパーティーに行きますか。

解答 ①Coming ＊聞き手の父親がいる所にこれから行く ②Go ＊今いる場所からとりに行く ③came ＊よい状態になるのはcome ④went ＊好ましくない状態になるのはgo ⑤coming ＊話し手がいる場所（到達点）に来る

PART 4 移動や変化の英単語 8

133

take / bring / fetch
持って行く・持って来る

◆ **take** （自分も相手もいない）第三者がいる所へ「持って行く」

◆ **bring** 自分の所に「持って来る」または相手がいる所に「持って行く」

◆ **fetch** 「行く+自分がいる所に持って来る」

皆さんは、takeは「持って行く」、bringは「持って来る」という画一的な覚え方をしていませんか。

確かにtakeは「持って行く」ですが、bringはこれだけでは半分しか理解していないことになります。

bringは話題の中心になっている場所や相手がいる場所に「持って行く」ことも表します。この点では、comeと似ています。

例えば、海外旅行の事前説明会で、添乗員が旅行参加者に言うのは、

Please bring your coat.（コートを持参してください。）

つまり、**takeの行き先は第三者がいる場所（自分も相手もいない場所）ですが、bringの行き先は自分か相手がいる場所**なのです。

Bring it to me.（私の所へそれを持って来て。）
I'll bring it to you.（それをあなたの所へ持って行きます。）

と言うこともできます。

「ご主人を連れて来てください」なら、自分がいる所へ連れて来るのは明らかなので、

Please bring your husband.
（ご主人を連れて来てください。）

takeの行き先は第三者がいる場所でハッキリしないため、"Please take your husband." と言っても意味が十分に伝わりません。そのため、takeを使うなら、

Please take your husband with you.
（ご一緒にご主人を連れて行ってください。）
Please take your husband to the party.
（パーティーにご主人を連れて行ってください。）

と「状況や方向を表す語句」が必要となります。

　一方、fetchは、例えばボールを投げて、犬に「取って来い」と言うように、ある場所に「行って、〜を持って来る（＝go and get me 〜）」が基本です。

(問題)

① Did you (take / bring) an umbrella?

傘を持って来ましたか。

② His wife went to Australia, (taking / bringing) the children with her.

彼の妻は子供たちを連れてオーストラリアに行った。

③ Just (take / bring) yourself.

手ぶらで来てください。

④ (Take / Bring) this to that bank for me, would you?

私の代わりにこれをあの銀行に持って行ってください。

⑤ I (took / brought) these pictures to show you.

あなたに見せるために、この写真を持って来ました。

解答 ①bring ＊takeは具体的な場所を表す語句が必要 ②taking ＊自分も相手もいない場所（この場合はオーストラリア） ③bring ＊自分がいる場所 ④Take ＊2と同じ ⑤brought ＊相手がいる場所

fall / drop
落ちる

- **fall** 力や支えを失ったものが「落ちる」（プロセスに注目）

- **drop** 重量のあるものが瞬間的に「落ちる」

fallは、風に飛ばされて枝からヒラヒラと落ちていく枯れ葉のように、重力に逆らう力や支えを失って、上から下へ落ちることです。落ちるまでのプロセスに焦点が当てられます。

　垂直方向の落下である必要はなく、建物や人が倒れたり、幕が下りたり、髪が垂れ下がったり、土地が傾斜したりするのも fall で表せます。木の枝から葉が落ちる季節を、アメリカ英語では fall と言いますね。

　ちなみに、falling leaves は今目の前でひらひら落ちている葉のことで、fallen leaves は地面に落ちている葉のことです。

　一方 drop は、重量のあるものが重力の法則に従い、上から下へ加速しながら落下することです。ドスンと落ちるイメージです。急に落ちることから突発性や意外性を暗示するので、

drop by a bar（ふらりと飲み屋に立ち寄る）
drop dead（急死する）

などの慣用句が生まれます。

　また、モノの価値や量・程度などが急に下がることも drop で表します。drop にはもともと「急に」という意味が

含まれ、強意的に"drop sharply"とか"drop quickly"などの表現もよく見られます。

　それぞれの単語の発音の違い、つまり、fallの母音が長母音であるのに対して、dropの母音が短母音である点も、fallがある程度時間をかけて落ちること、dropが急に落ちることを示唆しています。

　ニュートンはリンゴが落ちるのを見て、万有引力の法則を発見したと言われていますが、おそらく、その時のリンゴの落ち方はfallではなくdropであったでしょう。つまり、比較的重量のあるリンゴがドスンと地面に落ちる音を聞いてひらめいたのではなかったでしょうか。

(問題)

① The rain is (falling / dropping) from the leaves.

雨が葉っぱから落ちている。

② The tree was about to (fall / drop).

その木は今にも倒れそうだった。

③ He (fell / dropped) out of sight.

彼は雲隠れした。

④ September had come and the leaves were starting to (fall / drop).

9月になり、木の葉が落ち始めていた。

⑤ (Fall / Drop) me off at that corner.

あの角で降ろしてください。

解答 ①dropping ＊雨粒は重力で勢いよく落ちるのでdrop ②fall ＊木が倒れるのはゆっくりと落ちるイメージなのでfall ③dropped ＊突然いなくなった意外性を示唆している ④fall ＊葉が落ちるのはfall ⑤Drop ＊「人を降ろす」の他動詞はdropのみ

start / begin
始まる

◆ **start** 動き始める突発性や運動性がある「始める」（第三者的視点）

◆ **begin** 当事者の視点。

> It <u>started</u> to rain.（雨が降り始めた。）
> It <u>began</u> to rain.（雨が降り始めた。）

「雨が降り始めた」は、どちらで表してもかまいませんが、微妙な違いがあります。

<u>startは「雨が降る」という状況を第三者的に伝え、beginは当事者として伝えるという視点の違いがあります。</u>

例えば、野球の試合の最中に雨が降り出したとしましょう。ドーム球場のように天候に左右されない場合は別問題として、途中で雨が降り出した時、テレビで見ている人、つまり第三者が言うならばstartです。しかし、実際に野球の試合をしている選手（当事者）が言うならばbeginを使うというわけです。

野球の選手以外にも、野球場で試合を観戦している人も、雨が降れば自分が濡れてしまうことになるので当事者です。こちらもbeginを使うことになります。

また、startもbeginも「それまで静止状態にあったモノやコトが活動状態になる」という意味では同じですが、<u>beginは活動の開始にのみ焦点が当てられているのに対し、startは急に活動状態に入るという突発性や運動性を表すの</u>

が特徴です。

　もっと簡単に言えば、**startには「動き出す」動作のイメージがある**のです。イギリス英語でフルコースの始めに出る前菜がstarterです。

　100m走なら、

start well（スタートをうまく切る）

　マラソンなら、

slow starter（出だしの遅い人）
starting line（出発点、日本語のスタートラインは和製英語）

　英会話を習い始めた人の場合は、「動き出す」という意味はないのでstarterではなく、beginnerと言います。

　初めて競馬をやって運よく当てた人の幸運は、

beginner's luck（初心者のまぐれ・幸運）

(問題)

① The engine (started / began) suddenly.

突然、エンジンがかかった。

② The fire (started / began) in the kitchen.

その火事は台所から出た。

③ The word "house" (starts / begins) with the letter "h."

"house"という単語は"h"の文字で始まる。

④ "When I was young," the teacher (started / began).

「私が若かった頃」と先生は話し始めた。

⑤ I'm a (starter / beginner) in this field.

この分野では初心者です。

解答 ① started ＊突発性や運動性があるのは start ② started ＊1と同じ ③ begins ＊突発性や運動性がないのは begin ④ began ＊3と同じ ⑤ beginner ＊初心者の意味

fast / quick / early
はやい

◆**fast** 継続的な動作や運動が一定して「速い」

◆**quick** 動作や行動の素早さの「早い」

◆**early** 時間帯の中で「早い」

2019年現在、100m走で9秒58の世界記録を持つウサイン・ボルトのことは、英語でこのように言えます。

the fastest runner in the world（世界最速のランナー）

fastは「速い」という意味の最も一般的な語で、基本的には継続的な動作や運動の速度が一定して速い人やモノに使われます。

世界に誇るべき日本のリニアモーターカーが実現すれば、このように言えるでしょう。

the world's fastest train（世界最速の列車）

ディズニーランドでアトラクションの待ち時間を短縮して参加できるチケットも、ファストパス（Disney FASTPASS）ですね。

一方、**quickは速度よりも、動作や行動に時間をかけず素早く即座に行うというニュアンス**があり、決心・判断・返事などが速いことに焦点が当てられます。

「スローモーション（slow motion）」に対して「クイックモーション（quick motion）」や、バレーボールの「クイック攻撃」をイメージするとわかりやすいでしょう。

make a quick decision（即決する）
make a quick response（即座に反応する）

earlyは、予定された時間帯よりも「早い」とか、**ある期間の中で**「早い」という意味で使います。

An <u>early</u> bird catches the worm.（早起きは三文の徳。）
an <u>early</u> lunch（早い時間帯に取る昼食）
a <u>quick</u> lunch（急いで食べる昼食）

また、ファストフード（fast food）なら、「すぐに食べられる食品」とか「すぐに準備できる食品」ですが、その逆がslow foodです。

なお、fastとearlyはそれぞれ副詞としても使えますが、quickの副詞はquicklyです。

run <u>fast</u>（速く走る）
get up <u>early</u>（早く起きる）
go <u>quickly</u>（早く行く）

(問題)

1. We need to make (a fast / a quick / an early) start tomorrow.

   私たちは明日早く出発しなければならない。

2. That can't be the time. My watch must be (fast / quick / early).

   そんな時間のはずがない。私の時計は進んでいるに違いない。

3. She walked with short, (fast / quick / early) steps.

   彼女は小刻みな素早い足取りで歩いた。

4. She's (a fast / a quick / an early) learner.

   彼女は物覚えが早い。

5. She's (a fast / a quick / an early) riser.

   彼女は早起きだ。

解答 ① an early ＊1日のうち早い時間帯という意味はearly ② fast ＊継続的で一定した速さなのでfast ③ quick ＊動作や行為の素早さはquick ④ a quick ＊3と同じ ⑤ an early ＊1と同じ

street / road / way / lane
道

◆ **street**
歩道があり、民家やビルが立ち並ぶ公道の「道」

◆ **road**
輸送や移動に焦点を当てた「道」

◆ **way**
道のりや方向を表す「道」

◆ **lane**
狭い路地、車線やコースの「道」

教育番組の「セサミストリート」は、就学前の子供たちを対象に制作されたもので、舞台はニューヨークのとあるストリートです。あの風情を感じさせるのがstreetです。ちなみに「セサミストリート」の名称の由来は、「アリババと40人の盗賊」の中に出てくる呪文「開けゴマ」の"Open sesame."です。

　streetは、厳密に言えば、**都市や町にある公道で、通常は両側か片側に歩道があり、民家や商店・ビルなどが建ち並び、徒歩や乗り物で移動ができる道**のことを言います。

　一方、roadはもともと、乗り物に「乗る」という意味のrideと同じ語源で、輸送や移動に焦点を当てた語です。つまり、都会であろうが田舎であろうが、ある町から別の町に通じる道で、自動車やバス、自転車などが通る道のことです。

　roadには、抽象的な意味での「道」や「方法」という意味もあります。

There is no royal road to learning.（学問に王道なし。）

　wayは、ある場所に至るまでの「道筋」「道のり」「方向」などのプロセスに焦点を当てています。そのため、このよう

に言い換えることも可能です。

Can you tell me how to get to the station?
Can you tell me the <u>way</u> to the station?
（駅に行く道を教えてください。）

　その他、streetと交差する比較的細く狭い道、つまり、「**横町**」とか「**路地**」**の意味で使われる語に**lane**があります。**
　この語には、高速道路の「車線」という意味もあり、the fast laneは「追い越し車線」のことですが、life in the fast laneは「刺激的でわくわくする人生」のことです。

　また、陸上競技の「トラック」やプールの「コース」は、正しくはtrackやcourseではなくlaneです。これらは、「線によって狭められた道」というイメージから同じlaneを使うようになりました。

(問題)

① There are many shops and restaurants on both sides of the (street / road / way / lane).

通りの両側にたくさんの店とレストランがある。

② It's cheaper to transport goods by (street / road / way / lane) than by rail.

鉄道より道路で商品を輸送したほうが安い。

③ The swimmer in (course / lane) four is coming up fast from behind.

第4コースの選手が後ろから近づいている。

④ This is one-(street / road / way / lane) traffic.

ここは一方通行です。

⑤ They live on a small, but pleasant country (street / road / way / lane).

彼らは小さいが快適な田舎道沿いに暮らしている。

解答　① street ＊両側に店やレストランなどが建ち並ぶ通り　② road ＊輸送や移動に焦点が当てられる　③ lane ＊スポーツのコース　④ way ＊「道のり・方向」を表す　⑤ road ＊ある町から別の町に通じる道

trip / tour / excursion / journey / travel
旅

◆ **trip**
目的のある比較的短期間の旅行、移動や外出

◆ **travel** 主に動詞

◆ **excursion**
短期間の団体観光や小旅行、学校の遠足

◆ **journey**
陸路の比較的長い「旅」や人生に喩えた「旅」

◆ **tour**
視察・観光など組織的に計画された周遊旅行

154

観光やハネムーンなどの楽しい旅だけでなく、出張など**ある特別な目的を持った比較的短い期間の旅行や仕事のための外出をtripで表します。**

sightseeing trip（観光旅行）

honeymoon trip（新婚旅行）

business trip（仕事での出張）

How was your trip?（旅行はどうでしたか。）

Have a nice trip.（楽しい旅行を。）

同じtripでも観光と仕事で使い方に違いがあります。

take a trip to Paris（観光でパリに行く）

make a trip to Paris（仕事でパリに行く）

ツアー（tour）は、turn（曲がる）と同じ語源から生まれ、視察・見学・観光などのために組織的に計画された周遊旅行のことです。

ちなみに短期間の団体観光や小旅行、学校の遠足などはexcursionで表します。

陸路による比較的長い旅行がjourneyですが、他のtripやtourと異なり、必ずしも帰途の意味を含まないので、人生を旅に喩えて使うこともできるように、文学的な色彩を持

つ語です。

his journey's end（彼の人生の終わり）

　このjourneyの対義語、つまり、**比較的長い船旅や、空や宇宙の旅がvoyage**で、フランス語で「いい旅を」は"Bon Voyage!"ですね。

　最後に、日本語で最も一般的なトラベル（travel）は主に動詞として使い、名詞としては直前に形容詞を伴ったり、形容詞的に使われたりすることが多いです。

air travel（空の旅）

space travel（宇宙の旅）

travel agency（旅行社）

travel expenses（旅費）

(問 題)

(1) We were given a guided (trip / tour / journey / travel) of the palace.

宮殿ではガイドつきの見学だった。

(2) The palace is only a short (trip / tour / journey / travel) from here.

その宮殿はここからほんのちょっと行った所にある。

(3) Your (trip / journey / travel) includes one-day excursion to Disneyland.

お客様のご旅行にはディズニーランドへの一日旅行が含まれています。

(4) I like reading (trip / tour / journey / travel) books.

私は旅行本が好きです。

(5) He is planning a six-week (trip / tour / journey / travel) across Spain by train.

彼はスペインを列車で6週間かけて旅する計画を立てている。

解答 (1) tour ＊ガイド付きの見学は tour (2) trip ＊短時間または短距離の外出
(3) trip ＊組織された観光は trip や tour (4) travel ＊形容詞的に使える名詞
(5) journey ＊比較的長い陸路の旅

36

become / get / go /

◆ **get**
一時的な変化でプロセスを重視した「〜になる」

◆ **become**
永続的な状態になり結果を重視した「〜になる」

◆ **go**
「(悪い状態)になる」

come / turn / fall ～になる

◆**come**
「(好ましい状態)になる」

◆**turn**
「(全く違った状態)になる」

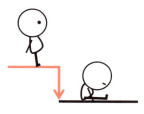

◆**fall**
突然の変化による「～になる」

「〜になる」の英語はたくさんありますが、最も一般的な動詞はbecomeです。**それまでのプロセスや時間は重視せず、「〜になった結果」を重視する**ところに特徴があります。主に、永続的な状態になることを暗示しています。

He <u>became</u> a doctor at the age of 30.
（彼は30才で医者になった。）

　とは言いますが、

His dream is to <u>become</u> a doctor.
（彼の夢は医者になることです。）
His dream is to <u>be</u> a doctor.
（彼の夢は医者になることです。）

上の2つの文はbecomeよりもbeのほうが自然な英語と言えるでしょう。

　なぜなら、become a doctorという表現では、医者になるために経る紆余曲折のプロセスが示されておらず、結果にしか焦点を当てていないからです。

　その他「〜になる」という意味の動詞には、get / go / come / turn / fallなどがあります。

getは一時的な変化で、そのプロセスを重視します。
It's <u>getting</u> dark.（だんだん暗くなってきた。）

goは悪い状態への変化を、**comeは好ましい状態への変化や元の状態への変化**を表します。goとcomeの違いについてはすでに取り上げたように、goは「起点」を、comeは「到達点」を表すからです。

<u>come</u> true（実現する）
<u>go</u> blind（目が見えなくなる）

turnは、例えば、氷が水に変わる、さなぎが蝶に変わるなど、**まったく違った状態への変化**を表します。主に、色・天気・気温などの変化に用いられることが多いようです。

The leaves are <u>turning</u> red.（葉が紅葉してきた。）
The tadpole <u>turns</u> into a frog.
（オタマジャクシはカエルになる。）

fallは、葉が木から落ちるように空気抵抗を受けてゆっくりと「落ちる・倒れる」というのが基本ですが、**形容詞を伴う場合はある状態への突然の変化**を表します。

<u>fall</u> ill（病気になる）

(問題)

① His son finally (became / got / went) famous.

彼の息子はとうとう有名になった。

② I (become / get / turn) tired easily these days.

最近、疲れやすいです。

③ Fish soon (becomes / goes / gets) bad in hot weather.

魚は暑い天気の中ではすぐに腐る。

④ Everything will (become / go / come) right in the end.

結局すべてがうまく行くでしょう。

⑤ He (became / went / fell) asleep while watching TV.

彼はテレビを見ている時に寝てしまった。

解答　①became ＊永続的な状態への変化はbecome　②get ＊一時的な変化はget　③goes ＊悪い状態への変化はgo　④come ＊好ましい状態への変化はcome　⑤fell ＊突然の変化はfall

Part 5

動作の英単語8

take / get
とる

◆ **take** 自ら行動して「とる」

◆ **get** 受動的に無意識に「とる」、積極的に行動して「とる」

「とる」のtakeとgetは、日常会話で最も頻繁に使われる基本単語の一つです。これらは区別して使う必要があります。

takeの基本は、「差し出されたものを意識的に受けとる」と「自ら行動して手に入れる」です。

<u>take</u> money from him（彼からお金を受けとる）

<u>take</u> a coin from the purse（財布からコインをとり出す）

このように、受けとる行為に焦点が当てられます。

これに対しgetは、「自分のものにする」という点では同じですが、そのプロセスが異なります。

基本の意味は2つあり、一つは「受動的に無意識のうちに手に入れる、予期せずある状態になる」です。

<u>get</u> a Christmas present
（[予期せぬ]クリスマスプレゼントをもらう）

<u>get</u> promoted to sales manager（販売部長に昇進する）

いいことだけでなく、悪い状態になる場合もあります。

<u>get</u> a cold from him（彼から風邪をうつされる）

<u>get</u> life imprisonment（終身刑に処せられる）

もう一つは、「積極的に働きかけて手に入れ、自分のものにする」です。

パリのカフェで、以下の2つは大きく意味が異なります。

Could I <u>have</u> a cup of Irish coffee?
Could I <u>get</u> a cup of Irish coffee?

haveの場合、その店にアイリッシュコーヒー（熱いコーヒーにウイスキーを入れ、生クリームを上にのせた寒い国ならではの飲み物）があることを前提にしています。

getは、「お店にあるかどうかわからないけど、とにかく飲みたいのでダメ元で頼んでみよう」という意図が込められています。

日本語でも、初めて入った喫茶店でかき氷を食べたくなったら「かき氷ください」ではなく「かき氷はありますか？」などと聞いたりしますが、これがgetなのです。

getの持つ積極的な働きかけの程度は、努力をそれほど必要としないものから、相当な努力を必要とするものまでさまざまです。

He <u>got</u> a taxi to the airport.
（彼はタクシーに乗って空港まで行った。）
He <u>got</u> first prize in the contest.
（彼はその大会で優勝した。）

(問題)

① He (took / got) a bullet in the thigh.

彼は太股に弾丸を受けた。

② She (took / got) a cigarette from the package.

彼女は箱からたばこを1本とった。

③ Did you manage to (take / get) tickets for the concert?

何とかコンサートのチケットは手に入りましたか。

④ He (took / got) her in his arms and kissed her.

彼は彼女を抱いてキスをした。

⑤ She (took / got) the gold medal in the Olympics.

彼女はオリンピックで金メダルをとった。

解答 ① got ＊予期せず起こることは get ② took ＊自ら行動して手に入れるのは take ③ get ＊積極的に働きかけて手に入れるのは get ④ took ＊2と同じ ⑤ got ＊3と同じ

38

pick / choose / select / elect
選ぶ

◆ pick
気分や勘で「選ぶ」

◆ choose
2つ以上の中から自分が好きなモノを「選ぶ」

◆ select
3つ以上の中から比較対照を重ねて最適なモノを「選ぶ」

◆ elect
ある集団が投票で「選ぶ」

突然ですが、ルーレット遊びをしましょう。皆さんは何番を選びますか。自分の好きな番号やラッキーナンバーを基準に選ぶ人もいると思いますが、おそらく大部分の人たちは、その時の気分や勘で選ぶことでしょう。これがpickの基本です。

　つまり、ある程度、意識は集中させますが、あまり頭脳を働かせずに、**その時の気分や勘でたくさんのものの中から選ぶこと**を表します。

　宝くじを選ぶのも、トランプでカードを選ぶのもpickです。

　これに対してchooseは「味見してみる」が語源ですが、**2つ以上のモノの中から、じっくり考えて自分が好きなモノを1つ、またはそれ以上選ぶこと**を表します。

　食後のデザートで数種類のケーキの中から自分が好きなものを選ぶのがchooseです。chooseの名詞形はchoiceです。

　selectは、**3つ以上のモノや人の中から比較や対照を重ねて、慎重に最良かつ最適なものを選ぶこと**です。

　pickやchooseが、自分の好みや勘、集中力を働かせて

選ぶ、つまり、主観的な選択をするのに対して、**select は客観的な選択**であることに焦点が当てられます。

　例えば、大学のスポーツ推薦の試験（通常セレクション〈selection〉と言います）では、大学はより優秀な選手が欲しいわけですから、まずは、書類選考から始まり、次に、面接や運動能力テスト、実技など、さまざまな角度から慎重に選抜していくわけです。これがselectで、もうこれ以上ない最良の選択がthe best selectionです。

　electは、日常生活での選択ではなく、**ある集団が特定の仕事をする役職を選挙で決めること**を表します。名詞は、election「選挙・投票」です。

(問題)

① (Pick / Choose / Select) a number from one to six.

1から6の中から1つ選びなさい。

② You may (pick / choose / select) up to seven library books.

図書館からは7冊まで借りてもいいです。

③ Bill was (picked / chosen / elected) captain of the team.

ビルはチームの主将に投票で選ばれた。

④ I had to (pick / choose / select) between two job offers.

私は2つの仕事のオファーの中から選ばなければならなかった。

⑤ They (picked / chose / selected) the winner from ten finalists.

彼らは10人の決勝進出者の中から優勝者を選んだ。

解答 ① Pick ＊その時の気分や勘で選ぶのはpick ② choose ＊自分の好きな本を選ぶのはchoose ③ elected ＊投票で選ぶのはelect ④ choose ＊2つのものの中から選ぶのはchoose ⑤ selected ＊たくさんのものの中から厳選するのはselect

PART 5 動作の英単語8

pull / draw / drag / tug
引く

◆ **pull**
自分に近づけるように力を入れて「引く」

◆ **draw**
滑るように「引く」

◆ **drag**
摩擦を強調した引きずるイメージの「引く」

◆ **tug**
力を入れて何度も「引く」

pull は、水平でも垂直でも、とにかく自分の方向に近づけるように力を入れて移動するのが基本です。

反対に、自分がいない方向に力を入れて移動するのは、push（押す）です。

ちなみに同じ「押す」という意味の press は、位置を変えずに「圧力を加える」ことで、対象物に与える影響を暗示しています。

They press grapes to make wine.
（ぶどうを絞ってワインを作る。）

また、力関係において対象物のほうが勝る場合、力を加えたほうが変化を受けることになります。

He pressed his face against the window.
（彼は窓に顔を押し当てた。）

draw は、安定した力でゆっくりと滑るように引くのが基本です。当然、引く対象と接触面の摩擦は小さくなります。

以下の動作を思い浮かべると、わかりやすいでしょう。

draw a curtain（カーテンを引く、カーテンを閉める）
draw a line（〈鉛筆などで〉線を引く）

pull a curtain にすると、自分の方に近づけるように力を入れてぐいっと引くことを表します。

drawは、滑るように引き寄せることから、重さを感じさせないものを目的語に取るのも特徴です。
人の注意や興味を「引く」という意味でも使われます。
draw someone's attention（人の注意を引く）
All eyes were drawn to the bride.
（すべての視線がその花嫁に引きつけられた。）

野球で左打者が一塁方向に転がすバントを「ドラッグバント（drag bunt）」と言いますが、**dragは、水平方向、または斜め上方向にモノを「引く・引きずる」が基本です。引く対象との接触面に摩擦が生じる**点に焦点が当てられています。対象が人の場合は、「その人が行きたがらない所へ無理矢理行かせる」という意味になります。

tugは、tug-of-warと言えば「綱引き」のことですから、これである程度イメージがつかめるかと思います。対象に力を入れてぐいっと何度も引っ張ることが基本です。
tug-of-war（綱引き）
tugboat（引き船、タグボート）

（ 問 題 ）

① Can you (pull / draw / drag) me a map?
地図を描いてくれますか。

② The city (pulls / draws / drags) millions of tourists to its casinos.
その都市は数百万の観光客をカジノに引き寄せている。

③ Don't (pull / draw / drag) my hair.
髪の毛を引っ張らないで。

④ My mother used to (pull / draw / drag) me out to church every week.
母は毎週、イヤがる私を教会へ連れて行きました。

⑤ This dress (pulls / draws / drags) on the ground when I walk.
このドレスは（長すぎて）歩くと地面を引きずってしまいます。

解答　①draw ＊地図を描くのは滑るような動きなのでdraw　②draws ＊興味で人を引き寄せるのはdraw　③pull ＊力を入れて引っ張るのはpull　④drag ＊嫌がる人を引っ張るのはdrag　⑤drags ＊引きずるのはdrag

throw / cast / toss
投げる

◆ **throw**
質量のあるものを「投げる」

◆ **cast**
ほぼ質量を感じさせないものを「投げる」

◆ **toss**
上または横へ軽くまたは無造作に「投げる」

throwは「モノを投げる」の最も一般的な動詞です。厳密には、**力強く素早い動きで、腕と手を使い、重さの感じるものを手から離すまでの動作**に焦点が当てられます。

野球で言えば、ピッチャーがボールを握ってから離すまでの動作です。そのため、投球フォームを問題にする時は、throwを使います。

underhand throw（下手投げ）
sidearm throw（横手投げ）
overhand throw（上手投げ）

一方castでは、**モノが手を離れてから目的地に到着するまでの動作や運動、その到着点**に焦点が当てられます。

モノが空中を移動するイメージなので、目的語は重さを感じさせないものか、まったく質量のないものが多いです。

「投げ釣り」はカタカナ語ではキャスティング（casting）、「サイコロを振る」はthrow/cast the diceですが、振って出た「サイコロの目」はcastです。castには、投げ捨てられたもののイメージから、ヘビなどの「抜け殻」という意味もあります。映画や演劇では「役を割り当てる」という動詞になり、名詞はcasting（配役）です。キャスティングボート（casting vote）とは、賛否が同数の時に議長が下す決

定票のことです。

<u>casting</u>（投げ釣り、キャスティング、配役）
<u>throw</u> / <u>cast</u> the dice（サイコロを振る）
<u>casting</u> vote（賛否が同数の時に議長が下す決定票）
<u>cast</u> a vote / ballot（一票を投じる）

　tossは、コインを投げ上げて、表か裏かで何かを決める様子をイメージしてもらえばいいと思います。**下から上、または横方向に軽く、時に無造作に投げること**です。

I <u>tossed</u> the birds some bread.
（川で泳いでいる鳥にパンを放ってやった。）

　野球ならトスバッティング、バレーボールならセッターがトスする動作を思い出してください。パンケーキをフライパンで返す時も、野球の優勝シーンでよく見られる監督や選手の胴上げもtossで表します。

(問 題)

① He (threw / cast) a punch at me.
彼は私にパンチを浴びせた。

② They (threw / cast / tossed) him in the air.
彼らは彼を胴上げした。

③ I (threw / cast) my vote for the candidate.
私はその候補者に一票を投じた。

④ He was (thrown / cast) as Hamlet.
彼はハムレットの役を与えられた。

⑤ He (threw / cast) in the towel.
彼は降参した。

解答 ① threw ＊パンチは重みを感じるので throw ② tossed ＊下から上に投げるのは toss ③ cast ＊質量がないので cast ④ cast ＊3と同じ ⑤ threw ＊throw in the towel で「降参する」という慣用句

shut / close
閉じる

- **shut** 勢いよく「閉じる」（閉じた結果に注目している）

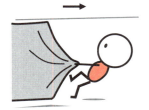

- **close** ゆっくり徐々に「閉じる」（閉じるプロセスに注目している）

The door <u>shut</u> behind me.
The door <u>closed</u> behind me.
（私が中に入るとドアが閉まった。）

「私が中に入るとドアが閉まった。」は、次のどちらも正しいですが、その伝える内容は微妙に異なります。

closeとshutは多くの場合交換可能ですが、「閉じる」動きの速さにおいて微妙な違いがあります。

カメラのシャッター（shutter）の動きを思い浮かべれば、容易に理解できるはずです。スポーツ新聞などで、ホームランを打った選手のバットにボールが当たった、まさに何百分の一秒の瞬間をとらえた写真をよく見ます。

shutは、そんな素早い瞬間的な動きを暗示する語で、閉められたことに焦点が当てられます。shutが短母音の短い語であることも、瞬間的な速さに関係していると考えられます。

それに対しcloseは、ゆっくりとした動きを暗示します。形容詞のcloseに「近い・接近した」という意味があるように、離れていたものが近づき、やがて接するまでのプロセスに焦点が当てられます。

a <u>close</u> game（スポーツでの接戦）

冒頭の2つの例文に戻りますが、shutだと私が入ってからいきなりドアが閉まったことが、closedだと私が入ってからゆっくり閉まったことが暗示されています。

　closeは、戸が閉まるプロセスに焦点が当てられるので、その動きが途中で止まってしまうことも許容できます。
　このように表現することも可能です。
Please <u>close</u> the window a little more.
（窓をもう少し閉めてください。）
　また、closeは、閉めることから「活動を終了する」という意味も表します。
　歯科医が患者さんに向かって「口を閉じてください」は、shutではなく、
<u>Close</u> your mouth.（口を閉じてください。）
催眠術にかける時も、closeが自然な表現でしょう。
<u>Close</u> your eyes.（目を閉じてください。）

(問題)

① Flowers (shut / close) at night.

花は夜になると閉じます。

② He (shut / closed) the door in my face.

彼は私の目の前でドアをバタンと閉めた。

③ The shops are (shut / closed) on Sundays.

お店は日曜日は休みです。

④ I hope to (shut / close) the deal within two days.

二日間で商談を終えたいのです。

⑤ (Shut / Close) your mouth.

黙りなさい。

解答 ①close ＊時間をかけて閉じるのはclose ②shut ＊いきなり閉まるのはshut ③closed ＊活動の終了 ④close ＊3と同じ ⑤Shut ＊口をすぐに閉じるのでshut

gather / collect / raise
集める

◆ **gather**
散らばっているものを「集める」、散らばっているものが「集まる」

◆ **collect**
目的をもって同種のものを「集める」、モノがたまる

◆ **raise**
募金をする、お金を調達するの「集める」

gather は、いろいろな所に散らばっているものを一ケ所に「集める」、散らばっている人やモノが「集まる」が基本です。

　名詞 gathering は、散らばっているものの「収集・採集」以外に、ある地域の人たちが集まる会合、つまり「集会」の意味でも使われます。選ばれた特定の人たちによる改まった「集まり」は meeting で、さらに改まった「会合」が assembly です。

　一方 collect は、収集などの目的を持って、いろいろな所から選り分けながら同種のものを「集める」ことです。

　名詞 collection（収集）や collector（収集家）という言葉を思い浮かべれば、容易に想像がつくでしょう。「彼の趣味は切手収集です」は、趣味という目的を持って集めるので collect を使います。

His hobby is <u>collecting</u> stamps.
（彼の趣味は切手収集です。）

　この文に gather を使うと、妙な意味になってしまいます。

× His hobby is <u>gathering</u> stamps.
（彼の趣味は〈散らばっている〉切手を集めることです。）

「募金・税金の徴収」などもcollectですが、raiseを使うこともできます。raiseは「上げる」が原義で、お金を「工面する」「調達する」意味で使われます。

They raised money for homeless people.
（彼らはホームレスのために募金をした。）

A rolling stone gathers no moss.

これは、「転がる石には、こけが集まらない。」が直訳ですが、日本語では、通常「転石こけむさず」と訳され、「職業を転々としている人は成功しない」という意味です。

この文にcollectsを使うことはできません。

× A rolling stone collects no moss.

なぜなら、「転石」には意識が存在しないので、石が目的を持ってこけを集める（collect）ことはできないからです。

ただしcollectには「モノがたまる」という意味で自動詞の用法があります。

Dust collected on the shelf.
（ほこりが棚にたまっていた。）

(問 題)

① He (gathered / collected) scattered coins on the street.
彼は通りに散乱しているコインを集めた。

② My hobby is (gathering / collecting) fossil.
私の趣味は化石を集めることです。

③ Today we had a school (meeting / assembly) in the morning.
今日は午前中、全校集会があった。

④ She (gathered / collected) up her books and went out.
彼女は本をかき集め出て行った。

⑤ The landlord came around to (gather / collect) the month's rent.
家主が家賃の徴収に来た。

解答 ① gathered ② collecting ③ assembly ④ gathered ⑤ collect

split / share / divide / separate
分ける

◆ **split**
ある線に沿って「分かれる」、費用や利益を二人以上の間で「(均等に) 分ける」

◆ **share**
自分のモノを人に「分ける」、二人以上の間で均等に「分けて使う」

◆ **divide**
基準や寸法などに従って注意深く「分ける」

◆ **separate**
もともと一体であったものを切り離して「分ける」

splitは、文字通りボウリングのスプリットでピンが間隔を置いてバラバラに残ったり、焼いたお餅がパクッと割れたりするように、**モノがある線に沿って「分かれる・割れる・裂ける」**が基本の意味です。

また、**費用や利益を二人以上の間で「（均等に）分ける・分配する」**ことも表します。ボクシングでスプリットデシジョン（split decision）と言えば、審判の判定がバラバラに分かれて一致しないことです。

shareは、自分のものを人に分けたり、二人以上の間で均等に分けて使うことを表す動詞です。

splitが分けるものに焦点が当てられているのに対して、shareはモノではなく与えられる人や対象に焦点が当てられています。そのため、shareは分け合う相手を明示することが多いです。

share a cake with friends（友達とケーキを分け合う）

また、物質的なものだけでなく、意見・利害・感情などを共有するという意味もあります。

I share her opinion.（私は彼女と同意見です。）
He shared his thoughts with us.
（彼は考えを私たちに話してくれた。）

算数で使うコンパスをデバイダー（dividers）と言うように、**divideは基準や寸法などに従って注意深く分けること**を暗示します。dividerは、部屋のしきりです。

　separateの基本は、卵の白身と黄身を分けたり、夫婦や恋人同士が別れたりするように、**もともと一体であったものを切り離して分けること**です。
　spiltやdivideの同義語として、あるモノをいくつかに分けたり、バラバラにする時にも使われる一般的な語です。

(問題)

① Let's (split / share / divide / separate) the bill.

割り勘にしよう。

② I (split / shared / divided / separated) my lunch with the dog.

私はその犬と昼食を分け合った。

③ When did they (split / share / divide / separate)?

彼らはいつ別れたのですか。

④ They have (split / shared / divided / separated) the first foor into five rooms.

彼らは一階を5つの部屋に分けた。

⑤ He (split / shared / divided / separated) his pants climbing over the fence.

彼は塀をよじ登ろうとしてズボンを破ってしまった。

解答 ①split ＊費用や利益を二人以上で均等に分けるのはsplit ②shared ＊分け与える対象（犬）がいるのでshare ③separate ＊もともと一体であったものが別れるのはseparate ④divided ＊基準や寸法に従って分けるのはdivide ⑤split ＊縫い目に沿って裂けるのはsplit

44

break / cut / tear / rip /

◆ **break**
外部から力を加えて一瞬で二つ以上に「壊す」(瞬間の力に注目している)

◆ **cut**
はさみやナイフなどを使って二つ以上に「壊す」

◆ **tear**
外部から力を加えて二つ以上に引き裂いて「壊す」(分散した断面に注目している)

destroy / damage 壊す

◆ **rip**
線に沿って引き裂いて「壊す」

◆ **destroy**
修復不可能になるまで「壊す」

◆ **damage**
本来の価値を損なうまで「壊す」

breakの基本概念は、**安定状態にあるものを、誤って、または故意に外部から力を加えて、一瞬で二つ以上に分散させること**です。

　breakする対象がお皿・窓・ガラス・クッキーならば「割る」、機械やおもちゃならば「壊す」、枝や骨なら「折る」、岩や波なら「砕く」、記録・法律・約束・沈黙なら「破る」、お金なら「くずす」などの日本語が当てられます。このように、必ずしも物理的な力によるものだけではありません。

　はさみやナイフなどを使って二つ以上に分散させる時には、breakではなくcutを使います。

　tearは、指に力を込めて紙や服などを二つ以上に分散させる、つまり「引き裂く、引きちぎる」が基本です。

　breakとtearの違いは、breakは分散する瞬間の力に焦点を当てているのに対し、tearはその引き裂かれた部分、例えば、紙を裂いた切り口や服を釘にひっかけて布がギザギザになった部分に焦点を当てています。

　また、breakは分散の瞬間を表すので途中で止めることができませんが、**tearは途中で止めることができます。**

　tearは無理やり乱暴に引き裂くイメージを与えるのに対し、**ripはある一定の線に沿って引き裂くことを暗示**します。

His shorts were <u>ripped</u> when he climbed over the gate.
（門をよじ登ろうとした時、彼の半ズボンが縫い目に沿って裂けた。）

<u>destroy</u>は、暴力的な方法で、修復や存在が不能になるまである物を徹底的に壊すこと、つまり「破壊する」ことを表します。日本語には「自然を破壊する」「環境を破壊する」という表現がありますが、英語では、それらをdestroy natureやdestroy the environmentとは言いません。これでは、自然や環境が破壊されて、存在できない状態になってしまうからです。正しくは、damage natureとdamage the environmentです。

<u>damage</u>は、傷つけたり、壊したりして、ある物が本来持っていた価値や特徴を損なうことに焦点を当てています。そのため、修理や修復が可能な場合に用いられます。

The typhoon <u>damaged</u> the roof of our house.
（台風で家の屋根が損害を受けた。）

(問題)

① Will you (cut / tear / rip) the envelope open?

封筒を切って開けてくれますか。

② She (broke / tore / ripped) up all the letters he had sent to her.

彼女は彼が送った手紙をすべてちぎった。

③ The building was completely (destroyed / damaged) by the bomb.

そのビルは爆弾で全壊した。

④ The fire badly (destroyed / damaged) the town hall.

その火事で市庁舎はひどい損傷を受けた。

⑤ The thief (broke / tore / ripped) the window open.

泥棒は窓を壊して開けた。

解答 ①rip ②tore ③destroyed ④damaged ⑤broke

Part 6

モノや人を伝える
英単語11

damp / humid / moist
湿った

◆ **damp**
寒くて不快なほどにじめじめした「湿った」、本来は乾いていることが望ましいものが「湿った」

◆ **humid**
天気が不快なほどに蒸し暑い「湿った」

◆ **moist**
適度に「湿った」

英語の形容詞には、日本語に直すと同じでも、プラスイメージを持つものとマイナスイメージを持つものがあることはすでに学習した通りです。

　毎年、蒸し暑い梅雨時になると、天気と同じように気分も滅入ってしまいますが、そんな季節に異常に低温が続くことがあります。日本語ではこれを「梅雨寒(つゆざむ)」と呼んでいますが、この梅雨寒を形容するのにぴったりの英単語がdampです。

　dampは、マイナスイメージを伴う形容詞で「寒く不快なほどにじめじめした」様子を表します。

　本来は、乾いていることが望ましいもの、例えばclothes（衣服）、bed（ベッド）、wall（壁）、room（部屋）などにも使われます。dampの派生語であるdampenは、希望や熱意などを「くじく」、damperは「くじく人・モノ」のように、やはり否定的な意味になります。

　humidも、「暑く不快なまでにむしむしする」というマイナスイメージを持つ形容詞で、天気や天候に関する専門的な語として使われます。うだるように暑い日本の夏を形容するのにはぴったりな言葉です。「湿気・湿度」は

PART 6　モノや人を伝える英単語11

humidityですが、これも、やはり不快感を与える語です。

　一方moistは、プラスイメージを与える形容詞で、主に「食べ物や目、唇などが湿りすぎることも乾燥しすぎることもなく適度に湿った」状態を表します。

　名詞のmoisture も「適度な湿気」です。

rich moist fruit cake
（十分しっとり感のあるフルーツケーキ）
moisturizer（肌をうるおすクリーム）

(問題)

① Make sure the soil is (damp / humid / moist) before planting the seeds.

種をまく前に土を湿らせてください。

② Don't put that shirt on. It's still (damp / humid / moist).

そのシャツを着ないで。まだ湿っているから。

③ This cake is (damp / humid / moist) and delicious.

このケーキはしっとりしておいしいです。

④ I hate this (damp / humid / moist) weather.

私はこの寒くじめじめした天気が大嫌いです。

⑤ The island is hot and (damp / humid / moist) in the summer.

その島は夏の間は蒸し暑い。

解答 ① moist ＊適度な湿りはmoist ② damp ＊本来は乾いていることが望ましいものはdamp ③ moist ＊1と同じ ④ damp ⑤ humid ＊不快なまでにむしむしするのはhumid

dense / thick / strong / dark

濃い

◆ **dense**
人やモノの密度が「濃い」

◆ **thick**
人やモノの密度が「濃い」、水分が少ないためどろっとした「濃い」

◆ **strong**
飲み物やアルコール・食べ物の味が「濃い」、食べ物のにおいが「きつい」

◆ **dark**
色が「濃い」

人やモノなどがすき間なく詰まっていて見通しや通り抜けが難しく、**光や水を通さないほど密集している状態を意味する語がdense**です。

<u>dense</u> fog（濃霧）

<u>dense</u> forest（密林）

thickはdenseと同じ意味ですが、多くのモノが密集している点に焦点を当てています。

　同じ言葉でも、thick fogなら視界がほぼゼロメートルで息もできないくらいの濃霧、thick soupやthick creamなら水分をあまり含まない、どろっとした濃厚なスープやクリーム、というようにニュアンスが加わります。

<u>thick</u> fog（濃霧）

<u>thick</u> soup（どろっとした濃いスープ）

<u>thick</u> cream（どろっとした濃厚なクリーム）

コーヒーや紅茶などの味の濃さや酒のアルコールの濃さなどを表すのはstrongで、反対の「薄い」がweakです。

<u>strong</u> coffee（濃いコーヒー）

　また、食べ物がstrongであると言えば、その味が濃いことや、においがきついことを表します。

<u>strong</u> cheese（鼻を突くようなにおいの青カビのチーズ）

「濃いコーヒー」はthick coffeeとは言いませんが、「トルココーヒー」のようにどろどろした濃厚なコーヒーなら、例外的にthickを使うことはあります。
<u>thick</u> coffee（どろどろとした濃厚なコーヒー）

ちなみに、「薄いコーヒー」という意味で日本人がよく使う「アメリカンコーヒー（American coffee）」は和製英語で、正しくはこちら。
<u>weak</u> / <u>mild</u> coffee（薄いコーヒー）

その他、**色が濃いことはdarkで表します。**
<u>dark</u> green car（濃い緑の車）

(問題)

① I'd like my coffee (dense / thick / strong / dark).

コーヒーは濃くしてください。

② The city is known as a (densely / thickly / strongly / darkly) -populated area.

その都市は人口稠密地域として知られている。

③ I'd like my vegetable soup (dense / thick / strong / dark).

野菜スープは濃いのがいいです。

④ The berries have a (dense / thick / strong / dark) red color.

そのベリーの色は赤黒い色だ。

⑤ There's too much gin in this drink; it's too (dense / thick / strong / dark).

このドリンクにはジンが入りすぎていて、とても濃い。

解答 ① strong ＊濃い飲み物　② densely ＊「人口稠密」は densely-populated
③ thick ＊スープが濃いのは thick　④ dark ＊色の濃さは dark　⑤ strong
＊1と同じ

cheap / inexpensive / low
安い

- **cheap** モノの値段が安くて質も悪い、安っぽいの「安い」

- **inexpensive**
モノの値段が「安い」

- **low**
（価格が）低いの「安い」

広辞林で「安い」を調べると「その質や量に比べて、値段が低い」とあります。これから判断すると、もともとこの言葉自体にはプラスの要素が含まれているようです。

　例えば、「最近うちの近所に安くて旨い寿司屋ができたので今度一緒に行きましょう。」などと誘われれば、つい行きたくなってしまうものです。魚屋や八百屋の大将の決まり文句も「は〜い、安いよ安いよ〜」です。

　そんな日本語の「安い」に当てられる英語がcheapですが、この英語には日本語の「安い」以外に「**安っぽい**」**という否定的な意味があるので注意**したいです。

　以下の文は前者は肯定的な響きを持ちますが、後者では明らかに質の粗悪さが示されています。

Cauliflowers are <u>cheap</u> at the moment.
（今、カリフラワーはとても安い。）
<u>Cheap</u> wine gave me a headache.
（安いワインを飲んだら頭が痛くなった。）

品質が高い割に値段が低い場合には、cheapではなくinexpensiveやlow-pricedを使うのが普通です。

　以下の文は、その違いをうまく表しています。

It's <u>inexpensive</u> but not <u>cheap</u>.（安いけど安っぽくない。）

　cheapは、家具、靴、宝石、服、ラジオ、帽子など、主

に日用品を形容する場合、否定的な意味で使われることが多いようです。

また、cheap や inexpensive は、もともと「値段が安い」という意味を含んでいるため、price（値段）という単語と一緒に使いません。そのため、"The price of the car is cheap."（その車の値段は安い。）は間違いで、正しくは、

The price of the car is low / high.
（その車の値段は安い／高い。）
I bought the car at a low / high price.
（安い／高い値段でその車を買った。）

また、これらの表現は次のように表すこともできます。
The car doesn't [didn't] cost a lot.
（その車はあまり費用がかからない［かからなかった］。）

ほか、給料（salary）や費用（cost）なども同様に、low や high で表すのが普通です。アメリカ英語では、「けちな」という意味で cheap が使われることもあります。

(問題)

① The clothes from that store are (cheap / inexpensive); they fall apart.

あそこのお店の服は安物だからやぶけてしまいます。

② The furniture is (cheap / inexpensive) but well-made.

その家具は安いけどよくできている。

③ The price of this ring is (inexpensive / low).

この指輪の値段は安い。

④ I shouldn't have bought this (cheap / inexpensive) ring.

この安い指輪を買うんじゃなかった。

⑤ Everything he buys has to be a bargain; he's really (cheap / inexpensive).

彼が買う物は全部特売品に違いない。彼は実にけちなやつだ。

解答 ① cheap ② inexpensive ③ low ④ cheap ＊ネガティブなニュアンス
⑤ cheap

48

hand-made / home-made
手作りの

◆ **hand-made** 家具や衣服などが「手作りの」

◆ **home-made** 食べ物や飲み物が「手作りの」

英語のdo-it-yourselfは、名詞で「日曜大工（の趣味）」ですが、これはもともと「職人の手を借りずに自分の手でやる」という一種の生活運動から発生した言葉です。DO ITをもじってつけたと思われる「ドイト」という名の日曜大工用品を扱う郊外大型店がありますが、そういうお店に行って材料を取り揃え、機械を使わずに作ることを英語では、hand-made（手作りの）と言います。

a hand-made doghouse（**手作りの犬小屋**）

hand-madeは、machine-madeに対する語であることからも明らかなように、「自分の手で作った」ことに焦点が当てられる語です。

同じ手作りでも、たとえば「手作りのジャム」は、hand-made jamとは言わず、「自家製の」という日本語をイメージさせるhome-madeを使ってhome-made jamと言います。

home-made jam（**手作りのジャム**）

home-made croquettes（**自家製のコロッケ**）

自分の家で作ったビールならば、madeの部分をbrewedに変えます。

home-brewed beer（**地ビール、クラフトビール**）

レストランなどでhouse wineと言えば、その店独自の比較的安いワインですが、家で作ったワインならhome-brewed wineです。

　また、クッキー、ケーキ、パンなどは、home-baked cookies / cake / breadと言うこともできます。

　参考までに、man-made（人造の、人工の）という単語もあります。man-madeは、アメリカでは性差別語と考える人もいるようですが、「自然の」「天然の」の対義語として「人間が造り出した」というのが基本で、以下のように使います。

a man-made lake（人造湖）

a man-made satellite（人工衛星）

man-made disasters（人災）⇔ natural disasters（天災）

(問題)

① Please enjoy our (hand-made / home-made) pizza.

手作りのピザをご賞味ください。

② That shop sells (hand-made / home-made) shoes.

あの店では手製の靴を売っている。

③ I love (hand-made / home-made) ice-cream.

私は手作りのアイスクリームが大好きです。

④ How about our (hand-made / home-baked) cookies?

我が家の自家製クッキーはいかがですか。

⑤ This bag is completely (hand-made / home-made).

このバッグは100%手作りです。

解答 ① home-made ② hand-made ③ home-made ④ home-baked ⑤ hand-made

delicious / tasty
おいしい

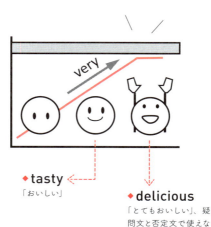

◆ tasty
「おいしい」

◆ delicious
「とてもおいしい」、疑問文と否定文で使えない、very delicious にはならない

何かにつけて控えめなのが私たち日本人の国民性です。とはいえ、外国のお客さんを自宅に招待し、手料理をふるまったとしたら、自分の手料理がお客さんの好みに合うかどうか気になり、つい聞いてみたくなるものです。

Is this <u>delicious</u>？（これ、おいしいですか。）

　しかし、この英語は正しくありません。<u>形容詞deliciousは「香りや味が非常によい」ことを表すほめ言葉なので、疑問文や否定文では使われません。</u>

　正しくは、tastyやgoodで表します。

Is this <u>tasty</u>?（これ、おいしいですか。）

　甘いものが「おいしい」時は、tastyではなくdeliciousを使うのが普通です。

　また、<u>deliciousには「非常においしい（=very tasty）」という強調の意味がすでに込められている</u>ので、very deliciousも間違った表現です。

　deliciousをあえて強調したい時は、absolutelyを使うか、感嘆文で表せばいいでしょう。

absolutely <u>delicious</u>（とてもおいしい）

How <u>delicious</u> this is!（これはなんておいしいんだ！）

　このような間違いをするのはdelicious=「おいしい」と

PART 6　モノや人を伝える英単語11

いう覚え方に原因があります。最初から、delicious=「とてもおいしい」と覚えておけば、決してこのような間違いを犯すことはないでしょう。

これと似たような間違いは、他にもたくさんあります。例えば、英語がかなり達者な人でも「元気？」と聞かれたら、「とっても調子がいいよ」と言うつもりで、very fine を使ってしまいます。fine は、本来 very well の意味なので、very はつけられません。

次にあげる形容詞もすでに強意を含んでいるので very をつけてはいけません。

- awful（ひどい）
- terrible（恐ろしい）
- huge（巨大な）
- delighted（喜んでいる）
- fascinating（魅力的な）
- excellent（優秀な）
- wonderful（素晴らしい）
- fantastic（不思議なくらい素晴らしい）
- amazing（びっくりするほど素晴らしい）
- exhausted（疲れ切った）

(問題)

① This cake is not (delicious / tasty).
このケーキはおいしくない。

② I'm not very (tired / exhausted).
あまり疲れていません。

③ I hit on a very (good / fantastic) idea.
素晴らしい考えを思いついた。

④ We had a very (good / wonderful) time in Spain.
私たちはスペインでとっても素晴らしい時を過ごしました。

⑤ They live in a very (big / huge) house.
彼らはとても大きな家に住んでいる。

解答 ①tasty ＊deliciousは否定文で使えない ②tired ＊exhaustedとveryは一緒に使えない ③good ＊fantasticとveryは一緒に使えない ④good ＊wonderfulとveryは一緒に使えない ⑤big ＊hugeとveryは一緒に使えない

PART 6 モノや人を伝える英単語 11

lazy / idle
怠けた

◆ **lazy** 「怠ける」「のんびりする」

◆ **idle**
仕事がない待機や休み状態の「ぶらぶらする」

和英辞典で「怠けた」を調べると、必ずidleとlazyの2語が出てきます。両者は、しばしば同義語として扱われがちです。

　確かに「彼は怠け者の学生だ。」を英訳すれば、以下のように言うことが可能です。

He's a lazy student.（彼は怠け者の学生だ。）
He's an idle student.（彼は怠け者の学生だ。）

　このように、idleがlazyの意味で使われることもあります。しかし、idleにはプラスαの意味があるため注意が必要です。次の2つの文を比較してみましょう。

(a) My father is lazy.
(b) My father is idle.

　(a) では、私の父親はよく二日酔いで会社を休んだり、会社を早退きして帰宅途中でパチンコをしたりしているので、リストラで首を切られてしまったが、それにもかかわらず新しい仕事を見つけようとせずに家でごろごろしているなど、マイナスイメージしか含まれていません。

　一方、(b) の文からは、慢性的な不況下では、仕事を探そうと思ってもなかなか見つからず、結果的に何もしていないとか、休日に体を休める目的で家でぶらぶらしているなどの様子がうかがえます。

このようにidleは、いつもマイナスイメージを与えるわけではありません。

ただし、idleは、gossipやcuriosityなどの語とつながると、「根も葉もない陰口」「つまらない好奇心」などの意味になります。
また、動詞として使われた場合は、「ぶらぶら（だらだら）過ごす」という否定的な意味合いが強くなります。

lazyは否定的な意味がメインですが、肯定的な意味も持ちます。それは、**何もすることがなく「のんびりとした」というプラスのイメージ**です。

I spent a lazy day doing nothing.
（何もせずにのんびりと一日を過ごした。）

(問 題)

① He is so (lazy / idle) that he avoids any kind of work.

彼は怠け者でどんな仕事もしようとしない。

② My father is (lazy / idle) owing to the strike.

父はストライキのために仕事をしていません。

③ We spent (a lazy / an idle) day on the beach sunbathing.

私たちは砂浜でひなたぼっこをしてのんびりとした一日を過ごした。

④ Over 10 % of the workforce is now (lazy / idle).

現在、従業員の10％以上が仕事をしていない状態だ。

⑤ I was feeling (lazy / idle), so I called a taxi.

だるかったのでタクシーを呼んだ。

解答 ①lazy ②idle ③a lazy ④idle ⑤lazy

souvenir / gift / present
お土産

◆ **souvenir**
自分の思い出のために旅先で買う「土産物や記念品」

◆ **gift**
改まった場面で使われる儀礼的なイメージの「贈り物」

◆ **present**
友人や家族のために旅先で買う「土産物や贈り物」

日本語で「土産」と言えば、旅先から家に持って帰るその土地の産物や、他人を訪問する時に持って行く贈り物のことを表しますが、英語ではsouvenirとgift、presentを使って区別します。

　souvenirとは、旅で訪れた場所やそこでの出来事を思い出すために買う「土産や記念品」のことです。手元のCambridge Dictionaryにも "something you buy or keep to help you remember a holiday or special event" と定義されているように、**友人や家族に買うのではなく自分のために買う土産**のことです。

　友人や家族のために買うお土産は、souvenirではなく、giftかpresentで表すのが普通です。

　また、**souvenirは、思い出にずっと持っていることが基本ですので、お菓子などの食べ物は対象外**となります。こういう場合の「お土産」も、英語ではgiftやpresentで表します。ハワイのお土産に買った「マカデミアンナッツ」は、giftかpresentです。

　giftとpresentでは、どちらかと言えばgiftは改まった場

PART 6　モノや人を伝える英単語11

面で使われることが多く、「寄付や施し物」という意味もあり儀礼的なイメージを与えます。そのため、「お土産」にはpresentを使ったほうが無難だと思います。

またgiftは、次のように、後に名詞を伴って形容詞的に使われることもあります。

gift shop（土産物店）

gift token（景品引換券）

gift-wrapping service（贈り物用包装のサービス）

ちなみに、お土産を渡す時の決まり文句は、こちらです。

This is for you.（あなたにプレゼントです。）

Here's a little present for you.

（日本語の「つまらないものですが」に相当）

その後に、以下の文を付け加えるのが普通です。

I hope you like it.

（気に入っていただけるといいのですが。）

もらった人は、お礼を言った後に、このように聞くのが英米でのエチケットです。

May I open it？（開けてもいいですか。）

(問 題)

① This knife is the only (souvenir / present) that I bought in Switzerland.

このナイフはスイスで私が買った唯一の土産です。

② My friend gave me this tie as a (souvenir / present).

友達がこのネクタイをお土産にくれた。

③ This (gift / present) shop sells hand-made dolls.

この土産物屋では手作りの人形を売っている。

④ I'll buy this watch as a (souvenir / present) for my father.

父にこの時計をお土産に買おう。

⑤ Please wrap this as a (souvenir / gift).

進物用に包装してください。

解答 ①souvenir ②present ③gift ④present ⑤gift

empty / vacant
空の

◆ **empty**
中に何も入っていない・誰もいない「空の」

◆ **vacant**
本来ふさがっているものの一時的な「空き」

「中に何も入っていない・誰もいない状態」を表すのがemptyの基本です。

empty room（人が誰もいない部屋や家具も何もない部屋）
empty bottle （何も入っていない瓶）
empty train （誰も乗っていない列車）
empty street （人通りのない通り）

これらもemptyを使います。

empty stomach （空きっ腹）
empty brains （中身の空っぽな脳みそ＝バカ）

また、言葉や人生などに「中身がない」というニュアンスで「口先だけの」とか「空虚な」という意味で使うこともできます。

反意語は「いっぱい入っている」という意味のfullです。

多くの欧米人にとってバカンス（休暇）とは、リゾート地に行って何もせずに浜辺などでのんびり横になって体を休めることのようです。フランス語のバカンス（vacance）はラテン語に由来し、「何もない状態」が原義なので、彼らはその言葉の持つ内容を忠実に実行していると言えましょう。

PART 6 モノや人を伝える英単語11

バカンスの英語バージョンがvacationであることは言うまでもありませんが、このvacanceから派生した語が英語のvacantで、基本的には本来ふさがっているものが一時的に空いている状態を表します。

　トイレを誰も使っていない状態であればvacant（使用中ならばoccupied）、ホテルに空き室がある状態ならば、玄関の前に"Vacancy"、空き室がなければ、"No Vacancies"という看板が置いてあるはずです。

　参考までに、真空のバキューム（vacuum）や掃除機（vacuum cleaner）なども同じ語源です。

　また、vacantには「ぼんやりとした」とか「うつろな」という意味もあります。

(問題)

① We have three (empty / vacant) apartments in our building.

私たちのビルには空いている貸し間が3室ある。

② He felt (empty / vacant) after his family left him.

家族に見捨てられ彼は虚しい気持ちになった。

③ There is no one in the room; it is (empty / vacant).

部屋には誰もいない、もぬけの空だ。

④ There's (an empty / a vacant) lot in front of my house.

私の家の前に空き地がある。

⑤ He set the (empty / vacant) glass down.

彼は空のコップを置いた。

解答 ①vacant *本来ふさがっているものが一時的に空いている ②empty *「心が虚しい」はempty ③empty *人や家具がないのはempty ④a vacant *「空き地」はvacant lot ⑤empty *中に何も入っていないのはempty

customer / guest / visitor / client

客

◆ customer
店やレストランの「客」

◆ guest
招待された「客」やゲスト

◆ visitor
訪れた「客」

◆ client
専門職に依頼する「客」

customer は、分解すると〈custom（習慣）+ er（人）〉で、商店や企業から商品を買う「**客・常連客**」が基本です。レストランやファストフード店などの「客」、銀行の「口座主」、イギリスでは乗り物の「旅客」の意味もあります。

テレビ番組に特別出演する人をゲスト（guest）と言いますが、基本は**催し物や式典などに「招待された客」**がguestです。ホテルの「宿泊客」もguestです。

guest house（迎賓館）

guest room（客室）

このような言い方もあります。

Be my guest tonight.（今夜は私のおごりです。）

仕事・観光・見学・社交・面会などの目的で、ある場所を訪れる「客」がvisitorです。

Visitors' Bookと言えば、教会・美術館・博物館の見学客が、氏名や住所、感想などを書く名簿のことです。

ホテルの宿泊客は、ホテル側から見ればguestですが、宿泊する側から見ればvisitorとなります。つまり、visitorは「訪問客、見学客、観光客、見舞客」などの意味で使われます。

visitorの語源は〈vi（見る）＋it（行く）＋or（人）〉であることから、「見に行く人・会いに行く人」が原義です。

clientは弁護士、会計士、建築士などの専門職に依頼する「顧客」、美容師や洋服の仕立屋などのサービス業の「顧客」のことです。語源は〈cli（寄りかかる）＋ent（人）〉です。

公的機関に相談する人や患者（patient）の遠回しな表現としても使われます。

要するに、**専門的な知識や技術を持った職業の人にいろいろな注文や依頼をする客がクライアント（client）**です。

(問題)

① He's a regular (customer / guest / visitor / client) at this restaurant.

彼はこのレストランの常連客だ。

② The theme park attracts 2.5 million (customers / guests / visitors / clients) a year.

そのテーマパークには年に250万の客が集まる。

③ The lawyer took his (customer / guest / visitor / client) to lunch.

弁護士は顧客を昼食に連れて行った。

④ The hotel has accommodations for 500 (customers / guests / visitors / clients).

そのホテルには500名が宿泊できる。

⑤ A (customer / guest / visitor / client) came in and bought several jackets.

客が一人入ってきて上着を何着か買った。

解答 ① customer *レストランや店の客はcustomer ② visitors *入園者はvisitor ③ client *専門的な職業の顧客はclient ④ guests *ホテルの宿泊客はguest ⑤ customer *1と同じ

center / middle / heart
中心

◆ **center**
円や球の「中心」、周囲を囲まれた場所の「中央」、興味や関心の「中心」

◆ **middle**
中心の周辺部も含めた「中心部」、時間の「中心部」

◆ **heart**
議論や問題の「核心・本質」

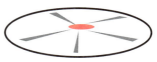

centerは円周や球面のどの点からでも等距離にある「真ん中」、つまり**円や球の「中心」**が基本です。

at the center of a circle（円の中心で）

東京ディズニーシーの人気アトラクション「センター・オブ・ジ・アース（Journey to the Center of the Earth）」は、正に地球の中心のことです。

実際には、円形だけでなく、**周囲を囲まれた場所の「中央」**という意味でも使うこともできます。

in the center of the room（部屋の中央で）

また、**特別な目的を持ったビルや、ある活動のために多くの人たちが働いたり住んだりしている場所・地域**もcenterで表します。

a medical center（医療センター）
a sports center（スポーツセンター）
an industrial center（産業の中心地）

さらに、**興味や関心の「中心」**の意味でも使うことができます。

middle は、あるものの「中心」ではなく「**中心部**」のことで、**中心の周辺部を含めて使われます**。周囲を囲まれていないモノや場所でもかまいません。

in the middle of the road（道路の真ん中で）

モノや場所だけでなく、**時間**にも使われます。

in the middle of the night（真夜中に）

middle age（中年）

体の部分の中で最も大切な部分が「心臓」であるように、**heart は全体の中で最も重要な部分のこと**です。

議論や問題の「**核心・本質**」という意味で使うことができます。

the heart of the problem（本題）

(問 題)

① Hollywood is the (center / middle / heart) for American filmmaking.

ハリウッドは米国映画制作の中心地である。

② Money is always at the (center / middle / heart) of our fights.

お金は常に私たちのケンカの核心だ。

③ Betty just loves being the (center / middle / heart) of attention.

ベティーは注目の的でいるのが大好きだ。

④ Let's get to the (center / middle / heart) of the problem.

本題に入りましょう。

⑤ We'll go there in the (center / middle / heart) of June.

私たちは6月中旬にそこに行きます。

解答　①center ＊活動の「中心地」 ②heart ＊議論や問題の「核心」 ③center ＊興味や関心・注目の的 ④heart ＊話題の「本質」 ⑤middle ＊時間の中心

lady / woman / girl
女性

- ◆ **lady**
  「成人女性」の敬称、目の前にいる女性や話題にしている女性

- ◆ **woman**
  成人した女性を表す男女を区別する無色透明な「女性」

- ◆ **girl**
  未婚既婚問わず精神的未熟さを感じさせる「女性」

ladyは、アメリカ大統領夫人のFirst Ladyに代表されるように、本来は上流階級の成人女性を指し、常に礼儀正しく気品にあふれる女性に対して用いられる単語です。

First Lady（アメリカ大統領夫人）

基本的に上品さをイメージさせる語で、広告や宣伝などに用いられます。例えば「婦人靴」は、ladies' shoesと言うのが普通です。

また、目の前にいる女性や今話題にしている女性に対しては敬称的にladyが使われます。

アメリカ英語で、女性に対する呼びかけにladyを使うのは基本的には丁寧なのですが、上から目線な言い方にとられると慇懃無礼な感じを与えることもあるため、避けたほうがよいと思われます。

gentlemanもladyと同じように、目の前にいる男性や今話題にしている男性に対して敬称的に用いられます。

womanはmanに対する語で、成人した女性を表す無色透明な語です。また、面と向かって女性に"Woman!"と呼びかけるのは自分のイライラや腹立たしさを表すことになり、失礼な表現となります。

girlは、一般的には「未婚の女性」を表す語ですが、略式では年齢や既婚・未婚にかかわらず「女性」の意味で使われます。womanとほぼ同義語ですが、時にwomanより精神的な未熟さを感じさせるので、男性が大人の女性に対してgirlと呼びかけるのは失礼になります。

　イギリス英語では、girlが会社の事務員（office-girl）やお店の店員（shop-girl）を表すことはありますが、アメリカ英語でgirlという語は、大人の女性には使われなくなりつつあるようです。girlは、「娘」の意味で使うこともあります。

(問 題)

① Give this coat to the (lady / woman / girl) over there.

向こうの女性にこのコートを渡してください。

② My wife and I have two (ladies / women / girls).

私と妻の間には娘が二人います。

③ A (lady / woman / girl) and two men were arrested on the spot.

一人の女と二人の男が現行犯で逮捕された。

④ He was 17 when he began to go out with (ladies / women / girls).

彼が女性と付き合い始めたのは17歳の時でした。

⑤ There's a (man / gentleman) at the door.

戸口に男性がいらっしゃいます。

解答 ① lady ② girls ③ woman ④ girls ⑤ gentleman

Part 7

生活と仕事の
英単語9

eat / have
食べる

◆ **eat** 食べる動作を強調した「食べる」

◆ **have** 人間的な活動としての「食べる」

eatは日本語の「食べる」に相当する語です。基本的には、**モノを口の中に入れて噛んで飲み込む行為**を表します。

　他動詞と自動詞の両方があり、他動詞としては、

Lions eat meat.（ライオンは肉食である。）

　自動詞としては、have a mealの意味でこのように使います。

Where shall we eat tonight?
（今夜はどこで食事をしましょうか。）

　他動詞のeatは、口を動かす動作が強調されます。そのため、「昼食を取る」は、"eat lunch"でも間違いではありませんが、"have lunch"と言うのが自然です。

　haveは「～を持っている」が基本でさまざまな意味がありますが、eatやdrinkの婉曲表現として使われます。

Where do you usually have lunch?
（普段、昼食はどこで食べますか。）
We're having fish for dinner tonight.
（今夜はディナーに魚を食べることになっています。）

　でも、仮にネコが魚を食べているのであれば、eatを使い、"The cat is having fish."とは言いません。

The cat is eating fish.（ネコが魚を食べている。）

ダイエット中だからといって夕食にほとんど手をつけない娘に対しては、「カロリーのことばかり考えていないで食べなさい。」という意味で、こう言えます。

Eat your dinner.（ちょっとは口を動かしなさい。）

Eat up.（残さず食べなさい。）

　日本語では「スープを飲む」と言いますが、英語ではhave soupやeat soupです。ただし、カップに直接口をつけて「スープを飲む」のであれば、drink soupと言うこともできます。

　参考までに、eatにはこのような表現もあります。

eat like a horse（大食いする）

eat like a bird（食がほそい）

　eatの形容詞形には、edibleとeatableの２つがありますが、edibleは、単に「食用の・食べられる」意味で、eatableは「（おいしく）食べられる」という意味の違いがあります。

(問 題)

(1) I try not to (eat / have) between meals.

間食はしないようにしています。

(2) (Eat / Have) one.

1つ召し上がってください。

(3) (Eat / Have) all of the vegetables.

野菜は残さず食べなさい。

(4) I'll (eat / have) today's special.

今日のスペシャルをお願いします。

(5) He always takes a long time to (eat / have) his dinner.

彼はいつも食事をするのに時間がかかる。

解答 ①eat ＊haveは他動詞なので目的語をとる ②Have ＊丁寧な表現なのでhave ③Eat ＊口を動かす動作 ④have ＊レストランという改まった場面ではhave ⑤eat ＊3と同じ

study / learn / work
勉強する

◆ **study**
行為に焦点を当てた
「勉強する」

◆ **learn** 習得することに焦点を当てた「勉強する」

◆ **work**
試験のために取り組む→
「勉強する」

知識を身につけるために本を読んだり、授業に出たりして、時間や労力を費やすことに焦点を当てるのがstudy。知識が身についたどうかは特に問題にしないのが特徴です。

I studied French at college, but I never learned it.
（大学時代にフランス語を勉強したが、まったく身につかなかった。）

　またstudyは、ある目標のために長期の「調査や観察をする」や、地図や時刻表などをじっくり見て「検討する」という意味で使うこともできます。

study a menu（メニューを検討する）

study his face（彼の表情を観察する）

　一方learnは、人に教わったり、自分で勉強したりして習得することに焦点を当てています。

　そのため、行為に焦点を当てるstudyには、

study hard（一生懸命勉強する）

という表現が可能ですが、"learn hard"とは決して言いません。

No one can learn a foreign language without studying.
（勉強せずに外国語を習得することはできない。）

ネイティブスピーカーに、
Where did you <u>study</u> English?
（どこで英語を勉強しましたか。）
　ではなく、
Where did you <u>learn</u> English?
（どこで英語を学んだのですか。）
と聞かれたら、あなたの英語が素晴らしいと認められたことになります。

　最後のworkは、時間と労力をかけて「何かをする」ことですが、「勉強する」という意味では、主に<u>試験に合格するために本を読んだり、問題を解いたりする</u>時に使います。
My son is <u>working</u> hard to pass the exam.
（息子は試験に合格するために、一生懸命勉強している。）

(問 題)

① How long have you been (studying / learning) English?

英語を勉強してどれくらいになりますか。

② The teacher's task is to help the pupil (study / learn).

教師の仕事は生徒が学ぶ手助けをすることである。

③ You have to (study / learn) the road map before you start.

出発する前に道路の地図を検討しなさい。

④ My son (studies / learns) quickly.

息子は物覚えが早い。

⑤ He went to Australia to (study / learn) under Professor Smith.

彼はスミス教授の下で勉強するため、オーストラリアに行った。

解答 ① studying ＊プロセスを聞いているのでstudy ② learn ＊習得することに焦点を当てているのでlearn ③ study ＊地図をじっくり見るのはstudy ④ learns ＊2と同じ ⑤ study ＊学ぶ行為に焦点を当てているのでstudy

58

habit / custom / practice / rule
習慣

◆ habit
無意識にくり返している「習慣」

◆ custom
社会的・文化的慣習の「習慣」

◆ practice
社会的にそうするのが当然とされる「慣習」、規則正しい個人の「習慣」

◆ rule
個人がそうすると決めた「習慣」

最初はまずいとしか思えなかったお酒やたばこも何度か嗜(たしな)んでいるうちに癖になったり、特定のテレビ番組を何回か見ているといつの間にか毎回見ないと気がすまなくなってしまったりという経験は、誰にでもあると思います。

　このように、ある行為を何度も何度もくり返していると、そのうちほとんど<u>無意識にその行為をくり返すようになるという習性</u>、<u>これがhabit</u>です。

　形容詞のhabitualは「習慣の・いつもの・癖になった」という意味です。

I got out of the <u>habit</u> of drinking.（飲酒の習慣をやめた。）
He took his <u>habitual</u> seat.（彼はいつもの席に着いた。）

　一方customは、文化的・社会的にくり返される「**習慣・慣習・慣例**」を表すのが基本です。

the <u>custom</u> of giving presents at Christmas
（クリスマスにプレゼントをあげる慣習）

　ただし、個人の意識的な習慣を表すこともあるので注意してください。形容詞のcustomaryは「習慣的な・慣例的な」の意味です。

It is <u>customary</u> to give presents at Christmas.
（クリスマスにはプレゼントをあげるのが慣例だ。）

PART 7　生活と仕事の英単語 9

practiceは、例えば、海外のホテルでチェックインする時に、ホテル側からお客にパスポートやクレジットカードの提示を要求するように、**社会的に当然そうするものと思われる慣習**を表します。この場合、commonやstandardなどの形容詞がつくことが多いようです。

It's common <u>practice</u> to shake hands when meeting someone.
（誰かに会う時は握手をするのが習わしです。）

　また、意識的に規則正しく行われる個人的な習慣にも使われます。

　本来はまっすぐな線やモノサシを意味するruleは、**個人がそうすると決めている習慣**を表します。

I make it a <u>rule</u> to wake up early in the morning.
（朝は早く起きることにしています。）

(問題)

① I've got into the (habit / custom / practice) of turning on TV as soon as I get home.

私は家に帰るとすぐにテレビをつける癖がついてしまった。

② It takes time to get used to another country's (habits / customs / practices).

他の国の慣習に慣れるには時間がかかる。

③ It is standard (habit / custom / practice) to ask hotel guests for their passports when they check in.

チェックインの際には、宿泊客にパスポートを要求することが標準的な慣例です。

④ I got up at 6 p.m. out of (habit / custom / practice).

6時に起きるのが習慣となっていた。

⑤ It is the (habit / custom / practice) in Japan to take your shoes off when going into someone's house.

日本では誰かの家に入る時には靴を脱ぐ慣習がある。

解答 ①habit ＊いつの間にかついた癖 ②customs ＊国家の慣習 ③practice ＊社会的に当然と思われる慣習 ④habit ＊1と同じ ⑤custom ＊文化的な慣習

work / job / occupation / profession
仕事・職業

◆ work
すべての種類の「仕事・職業」

◆ job
お金を稼ぐために一定期間従事する「仕事・職業」、お金にならない家庭・学校の「仕事」も

◆ occupation
改まった場面での「職業」

◆ profession
特別な訓練で得た知識や技術を活用する「職業」

報酬を受ける受けないを問わず、**すべての種類の「仕事・職業」を表す最も一般的な語はwork**です。この意味では**不可算名詞**なので、不定冠詞のaがついたり、複数形になったりすることがない点に注意したいです。

drive to work（自動車で通勤する）
get to work（出勤する）

お金を稼ぐために一定期間従事する一つひとつの具体的な「仕事・職業」がjobです。

基本は、一時的か永続的かは問わず報酬を受ける仕事ですが、掃除や洗濯など家庭内の仕事、学校や会社で割り当てられた仕事・課題などもjobで表すことができます。

課題をきちんとやった生徒に対して先生は、"Good job!"（よくできました！）と言います。

Taking out the garbage is my job.
（ゴミ出しは私の仕事です。）
I applied for a job at a bank.（私は銀行の求人に応募した。）

履歴書、国勢調査、出入国カードなどの書類の職業欄にはoccupationと書かれています。**日本語の「職業」に最も近い言葉**がこれです。入国管理官が旅行者に聞くように、

改まった場面で使うのが特徴です。

What is your occupation?（職業は何ですか？）

その他、大学教授はprofessorですが、**professionは特別な訓練で得た思想や専門知識・技術などを役立てるような職業**、例えば、医者、弁護士、技術者、教師などを指します。動詞professの語源は〈pro（前で）＋fess（話す）〉から「主張する・公言する」です。

また、professionの中でも人の助けとして報酬を度外視し、一生をかけてする自分に適した「職業」はvocationです。vocationの原義は「神の声」つまり「天職」です。

大工や庭師など**熟練した技術を必要とする職業はtrade**です。

His father is a carpenter by trade.
（彼の父親の職業は大工です。）

(問 題)

① Enter your name and (work / job / occupation) in the boxes.

枠の中に名前と職業を入力してください。

② I started (work / job / occupation) when I was just 14.

私が働き始めたのはまだ14歳の時だった。

③ She's applied for a (work / job / occupation) with an insurance company.

彼女は保険会社の仕事に応募した。

④ His father is a lawyer by (occupation / trade / profession).

彼の父親の職業は弁護士だ。

⑤ Raising kids can be a difficult (work / job / occupation).

育児は大変な仕事になりうる。

解答 ① occupation ＊改まった場面 ② work ＊不可算名詞はworkのみ ③ job ＊個々の仕事や職業はjob ④ profession ＊専門的知識を必要とする職業 ⑤ job ＊家庭内のやらなければならない仕事

salary / wage / pay
給料

◆ salary
知的労働に対して月1または年1で支払われる「給料」

◆ wage
肉体労働に対して週1で支払われる「給料」

◆ pay
あらゆる種類の「給料」

salaryとは、専門職や会社員など、主に知的な職業に対して定期的（基本は一ヶ月ごと）に支払われる給料のことで、銀行口座に振り込まれて源泉徴収されるものを指します。

　したがって、salaryは、月によって異なるものではなく**定額であるのが原則**です。年俸制は、日本の会社ではあまり普及していないようですが、野球選手のような年俸制の給料もsalaryです。

　ただし、プロのゴルフ選手が、いくつもの試合に勝って獲得した賞金はsalaryではなくincome（収入）と言います。

　salaryとは、もともとラテン語で「塩」を意味する言葉から来ており、古代ローマでは、兵士はお金の代わりに塩を与えられていたことに由来しています。当時は、塩が相当貴重なものであったことがうかがわれます。

　皆さんご存じのsalt（塩）の他に、salami（サラミ）、salad（サラダ）、salsa（ソース）も同じ語源です。映画「サウンド・オブ・ミュージック」の舞台になったオーストリアのザルツブルク（Salzburg）の語源は「塩の城」です。

　wageは、かつて肉体労働者に対して、週ごとに現金で支払われる給料を指して言いましたが、今では小切手や銀

行口座に直接振り込まれることも多いようです。そのため「**週給**」のほかに「**時給**」で支払われるものはすべて wage で表します。

wage earners（賃金労働者）

　日本語の「サラリーマン（salaryman）」はかつて和製英語として扱われていましたが、現在では英語の辞書にも載っている単語で、特に日本の長時間働くサラリーマンのことを表します。
　また、日本語ではサラリーマンの意味で「ビジネスマン」という言葉がよく使われますが、英語で businessman は「経営者・管理職にある人」を指します。

　pay は、あらゆる種類の給料に使える一般的な語で、不可算名詞です。
payday（給料日）
payslip（給料の明細書）

(問題)

① (Salaries / Wages) are paid on Fridays.
給料は毎週金曜日に支払われる。

② You can get better (salary / pay) elsewhere.
あなたなら他でもっといい給料をもらえます。

③ Should doctors' (salaries / wages) be higher?
医者の給料はもっと上げるべきでしょうか。

④ My last year's (salary / wage) was about 9 million yen.
私の昨年の年俸は約900万円でした。

⑤ I earn an hourly (salary / wage) of $10.
私の稼ぎは時給10ドルです。

解答 ①Wages ＊週ごとなので ②pay ＊a better salaryならOK ③salaries ＊医者の給料はsalary ④salary ⑤wage ＊時給はwage

company / office / firm
会社

◆ **company**
仕事の集団を表す
「会社」

◆ **office**
働く場所を表す
「会社」

◆ **firm**
小規模の「会社」

「合コン」とは、本来は大学生用語の一つで「合同コンパ」のことですが、このコンパはcompanyという英単語に由来しています。

companyは、「パン（pan）を一緒に（com）食べる人」という意味から「**仲間・同席・交際**」という意味を持つようになりました。おそらく、ここから一緒にお酒を飲む会という意味で「コンパ」という和製英語が生まれたのだと思います。バブル景気に日本全体が浮かれていた頃、社員旅行の宴会に必ず同席したコンパニオン（companion）のお姉さんも同じ語源です。

さて、このcompanyにはご存じのように「会社」という意味がありますが、これは日本語で言う「会社」とは異なり、場所を表す概念はありません。「**仕事上の目的で一緒に働いている人々の集団**」を表すのが**基本**となります。そのため、go to one's companyと言うことはできません。

work for an insurance company（保険会社に勤める）

一方officeは、仕事の場所に使われる建物・フロアー・一室と定義されるように、「**働く場所**」**という意識が強く働きます**。

go(get) to the office（会社に行く［出勤する］）

ただし、「会社に行く」表現としては、work を名詞扱いにした表現のほうがよく使われます。

go to work（会社に行く）
commute to work（会社に行く）

同じ「会社」を表す語に firm という単語があります。これは、**主に二人以上の合資により経営される「小さな会社」**を表すことが多い語です。

She works for a local firm.
（彼女は地元の会社に勤めている。）

(問題)

① He sometimes goes to his (company / office / work) even on Sundays.

彼は日曜日もときどき会社に行きます。

② My brother works for a big (company / office / work) in Tokyo.

兄は東京の大きな会社に勤めています。

③ I sometimes go to (company / office / work) on Sundays.

私はときどき日曜出勤をします。

④ He works for a law (company / office / firm) in London.

彼はロンドンの法律事務所に勤めている。

⑤ The main (company / office / firm) is in London.

本社はロンドンにあります。

解答 ① office *「会社に行く」は go to the office か go to work ② company ③ work *1と同じ ④ firm *法律事務所は大小にかかわらず firm ⑤ office *働く場所

62

charge / cost / expense / fee / price
料金・費用・値段

◆ **charge**
サービスにかかる「料金」

◆ **cost**
生産・入手・維持などにかかる「費用」

◆ **expense** 「支出・経費」

◆ **fee**
専門職に支払う「報酬」や入場料・入会金など

◆ **price**
売り手が商品につける「値段」

ナイトクラブやスナック、高級レストランなど、テーブルごとに飲食代とは別に支払うサービス料のことを日本語では「テーブルチャージ」と言いますが、これは和製英語です。正しくは

cover charge（テーブルチャージ）

　chargeとは、電気料金・ガス料金・駐車料金・ホテル代・配達料金など、**一定のサービスに対して支払う手数料や使用料**のことです。

room charge（部屋代）
delivery charge（配達料金）
extra charge（追加料金）

　企業の経営や設備などにかかる維持費をランニングコストと言いますが、**costとは生産・入手・維持などに支払う「費用・経費」**のことです。

running costs（ランニングコスト）
production costs（生産費）
living costs（生活費）
food costs（食費）
household costs（家計費）

expenseは一般的な「出費・支出」が基本で、仕事や目的にかかる「経費・実費」のことです。

expense account（必要経費）

public expense（公費）

travel expenses（旅費）

all expenses paid trip to Taiwan
（スポンサーが全額負担する台湾旅行）

　医者や弁護士などの専門職の人に支払う料金、つまり、「謝礼・報酬」がfeeの基本です。ただし、このような使い方もできます。

entrance fee（入場料）

admission fee（入学金、入会金、入場料）

　他にもpriceは、売り手が商品につける「値段」で、複数形のpricesなら商品全体につけられた値段から「物価」という意味になります。

(問題)

① They had to raise their (charge / cost / expense / price) because of rising (charges / costs / expenses / prices).

経費が上がったために価格を上げなければならなかった。

② She always travels first-class regardless of (charge / cost / expense / price).

彼女は出費の大小にかかわらずいつもファーストクラスに乗る。

③ The (charge / cost / expense / price) of fuel keeps going up.

燃料費は上がり続けている。

④ The gallery charges no entrance (charge / cost / expense / fee).

その美術館は入場無料です。

⑤ What is the (charge / cost / expense / fee) for a night in this hotel?

このホテルの一泊の宿泊料はいくらですか。

解答 ① price, costs ＊生産にかかる経費はcost、価格はprice ② expense ＊一般的な出費 ③ price ＊燃料の値段 ④ fee ＊入場料はfee ⑤ charge ＊サービスに支払う料金はcharge

break / rest
休み

- **break** 活動を中断する「休憩・休暇」

- **rest**
活動後に「体を休めること・眠ること」

「このへんで、ちょっとコーヒーブレイクを」などと言いますが、a coffee breakとは、「職場で午前10時頃と午後3時頃に小休止のためにコーヒーを飲むこと」です（イギリスでは、a tea breakと言うこともあります）。

　breakは、時に飲食をしながら休憩のために活動をしばらく中断すること、または、仕事からしばらく離れて取る休暇を意味します。職場だけでなく学校などでもa lunch breakと言えば「昼休み」の意味になります。

a lunch break（昼休み）

a Christmas break（クリスマス休暇）

　イギリスでは、このような使い方もあります。

We have a ten minutes' break between classes.
（授業と授業の間に10分間の休みがあります。）

　アメリカでは、breakの代わりにrecessが使われます。

　すでに取り上げた動詞のbreakは、安定状態にあるものを外部から瞬間的な力を加えることによって「破る」ことですが、仕事をしている活動状態を破ることが「休憩」と考えればいいでしょう。

　行き詰まった状態を「打破する」のもbreakで、ここから「（成功の）機会、好機」の意味も生まれました。

The factory fired 300 workers, but they gave me a break.
(工場は300人を首にしたが、私は運良く首にならなかった。)

相手に対してイライラを感じて、やめてもらいたいと思う時にも使います。

Just give it a break.（やめてくれ。）
Give me a break.（勘弁してくれよ。）

restは、活動後に何もしないで体を休めたり、眠ったりすることを表すのが基本です。

a rest house（旅行者のための簡易宿泊所）
a rest home（[老人や病人のための]保養所）

アメリカでは、主に劇場やレストランなどの公共施設でトイレの婉曲表現として rest room がよく使われます。

一般的な「会社を休む」には、これらがあります。

He's on holiday / vacation.（彼は休暇を取っています。）
He's off today.（彼は今日は休んでいる。）
He took a day off.（彼は一日休暇を取った。）

(問題)

① Let's take a (break / rest) for five minutes.

5分間休憩しよう。

② Try to get some (break / rest) now - you've got a busy day tomorrow.

ちょっと体を休めなさい。明日は忙しい一日になりますから。

③ You need a good night's (break / rest).

一晩よく休んだほうがいいですよ。

④ I'll read these books during the Easter (break / rest).

春休みの間にこれらの本を読みます。

⑤ We have a 15-minute (rest / recess) between classes.

授業と授業の間に15分の休み時間があります。

解答 ①break ②rest ③rest ④break ⑤recess

64

economy / economic / economical
経済的な

◆ **economy**
名詞「経済・節約」、名詞の前で「経済的な・徳用の」

◆ **economic**
形容詞「経済の・経済学の」

◆ **economical**
形容詞「経済的な・倹約の」

環境問題でキーワードとなる「エコ」とはecologyに由来していることはご存じでしょうか。

　ecologyとは「生態系・環境保護」のことですが、ギリシャ語で「家・住処」を意味するecoに由来し、地球全体を家に見立てて「地球全体のことを考える学問（logy）」ということにです。

　さて、economyを語源的に分解すると〈eco（家）＋nomy（管理）〉で「家を管理すること」が原義です。
economyは「経済・節約」という意味の名詞として使いますが、**名詞の前で形容詞として「経済的な・徳用の」**という意味で使うこともできます。

economy class（エコノミークラス）
economy pack（エコノミーパック）

　「エコカー」は、本来、電気自動車やハイブリッドカーなど環境に優しい自動車（＝ecology car）のことですが、「省エネカー」でもあるので、economy carと言ってもよいかもしれません。

　economyの形容詞は、意味によって２つに使い分けを

PART 7　生活と仕事の英単語 9

します。

　かつて、経済成長のためになりふり構わず働いていた日本人を揶揄して「エコノミックアニマル（economic animal）」という言葉がありましたが、**economicは「経済の・経済学の」という意味の形容詞**です。

　economic superpower（経済超大国）
　economic reform（経済改革）
　economic recovery（景気回復）
　economical shoppers（買い物上手な人たち）

　もう一つは、**形容詞のeconomical「経済的な・倹約の」**です。先ほどの「省エネカー」はeconomy carの代わりにeconomical carとすることもできます。

(問題)

① Buy the large (economy / economic / economical) pack!

大きなお徳用パックを買ってください!

② It would be more (economy / economic / economical) to buy the bigger size.

大きいのを買ったほうがより経済的だろう。

③ (Economy / Economic / Economical) growth is slow.

経済成長は遅々としている。

④ In the current (economy / economic / economical) climate, we must keep costs down.

現在の経済状況下ではコストを下げなければならない。

⑤ We are flying (economy / economic / economical).

私たちはエコノミークラスに乗ります。

解答 (1) economy ＊慣用表現「エコノミーパック」 (2) economical ＊名詞が続く場合は economy も可 (3) Economic (4) economic ＊「経済状況」は economic climate (5) economy ＊ fly economy (class) で「エコノミークラスに乗る」

おわりに

　20数年前、全国屈指の進学校として名を馳せる埼玉県立浦和高校に赴任して間もない頃のことでした。ライティングの授業で、"Tokyo Tower is the tallest tower in Japan."（東京タワーは日本で一番高い塔です。）という英文を取り上げた時に、「シミケン先生、tallest の代わりに highest を使ってもいいですか？」という質問を受けました。「もちろん、OK!」と簡単に受け流しましたが、「もし違いを聞かれたらどうしよう」と内心ビクビクしていました。

　授業後に職員室に戻って早速、ALT（外国語指導助手）のイギリス人に聞いてみても明確な答えが返ってきませんでした。おそらく、ネイティブは無意識のうちに使い分けているので、うまく説明ができなかったのだと思います。

　そこで、いろいろな英英辞典を調べた所、どうやら tall と high は視線の方向に違いがあるということがわかりました。つまり、tall が下から上まで視線を向けるのに対して、high は高い所だけに視線を向けるという違いでした（詳しくは、P,100 を参照）。

おわりに

　ライティングの授業は毎回、質問の嵐でした。今振り返ってみると、あの頃はどんな質問に対しても答えられるように英語を極めたいという気持ちから、寸暇を惜しんで英語の勉強に励む毎日でした。この経験があったからこそ、現在の英語教師としての私があると思っています。

　本書は、私が浦和高校時代に学んだことを中心に、**生徒から受けた質問や授業ノートをもとに、昨年Asahi Weeklyに連載した「シミケンの比べてわかる英単語」に大幅な加筆をし書籍化したもの**です。Asahi Weeklyはある程度英語力のある人が対象ですが、書籍化するにあたっては、**初級者でもわかりやすいように再編集**をしました。その際、編集に携わっていただいた大和書房・編集部の草柳友美子氏に貴重なご意見をいただいたことに、この場を借りて感謝の意を表したいと思います。

　　　　　　　　　　　　　　　令和元年6月　清水 建二

本書は、「朝日ウイークリー」2018年4/1号から2019年3/24-31号まで
連載された「シミケンの比べてわかる英単語」に、大幅な加筆・修正、
再編集をして文庫化しました。

清水建二(しみず・けんじ)

東京都浅草生まれ。上智大学文学部英文学科を卒業後、ガイド通訳士、東進ハイスクール講師、県立草加高校、越谷南高校、浦和高校、川口高校、草加南高校などで教鞭を執る。基礎から上級レベルまで、わかりやすくユニークな教え方に定評があり、シミケンの愛称で絶大な人気を博した。現在は、40年の英語指導の経験を生かした様々な英語教材を開発中。
著書は、60万部突破の『英単語の語源図鑑』(かんき出版共著)、シリーズ累計40万部突破の『英会話1秒レッスン』(成美文庫)、『新編集 語源とイラストで一気に覚える英単語』(成美堂出版)など70冊以上。
【公式サイト】http://SHIMIKEN.me/

くらべてわかる英単語

著者	清水建二

©2019 Kenji Shimizu, Printed in Japan
2019年7月15日第1刷発行

発行者	佐藤 靖
発行所	大和書房

東京都文京区関口1-33-4 〒112-0014
電話 03-3203-4511

フォーマットデザイン	鈴木成一デザイン室
本文デザイン	山﨑綾子(dig)
本文イラスト	すずきひろし
本文印刷	歩プロセス
カバー印刷	山一印刷
製本	ナショナル製本

ISBN978-4-479-30774-7
乱丁本・落丁本はお取り替えいたします。
http://www.daiwashobo.co.jp